中公新書 1935

大垣貴志郎著

物語 メキシコの歴史

太陽の国の英傑たち

中央公論新社刊

まえがき

東京オリンピックが開催された翌年、私ははじめてメキシコを訪れた。テオティワカンの太陽のピラミッドに息を切らして登ったとき、その眺望とともになぜ、こんな巨大な遺跡が残っているのかという疑問が脳裏をよぎった。首都メキシコシティに戻って目抜き通りを歩いたとき、パリのシャンゼリゼ通りに似た立派な街路があるので、この国にはフランス文化に強く影響を受けた時期があったにちがいないと想像した。

このレフォルマ通りには、威風堂々と建つアメリカ合衆国の大使館がある。周囲を圧して聳《そび》えるこの建物を見たとき、かつてマニラで見た米国大使館の巨大さに、フィリピンにおけるアメリカ合衆国の影響力を推しはかったことを思い出した。

町を行き交う人の姿を見たとき、輸入車の後部座席にすましておさまっている人もいる反面、その横を裸足《はだし》同然で通り過ぎ、物乞《ものご》いをする人までいる。なにか社会の構造に問題があるのかと、ふと考え込んだ。

古代のメキシコには、メキシコと中央アメリカを含む考古学上の古代文明圏「メソアメリカ」に、マヤ文明やアステカ文明が栄えていた。これらの文明は、アンデス地帯の神殿文化とよく対比される。その後、エルナン・コルテスがメキシコを征服してから植民地時代が始まった。スペイン人はメキシコ古代文明の神殿で祭礼を目《ま》のあたりにしたとき、悪魔の儀式を執り行う場所と判断して次々と破壊してしまった。今から考えると蛮行としか思えない、こんな覇者の論理の犠牲になって消された遺跡にはいま、考古学者がその建設当時の意図を理解しようと光をあてている。

植民地時代の三世紀間(一五二一―一八二一)、メキシコは、ヌエバ・エスパーニャ副王領と呼ばれていた。日本語で言えば「新スペイン」である。この命名からも、メキシコは、スペイン帝国の数ある海外領土のなかでも最も重要な植民地であったことが容易に想像できる。

副王領が崩壊した後にメキシコはスペインから独立するが、長く続いたスペイン帝国支配の影響をかなぐり捨てることはできなかった。この国には、スペインからスペイン語をはじめ、儀式、秩序、建築様式、カトリック教と宗教関連の美術様式、音楽、文学まで伝播《でんぱ》され、それに食文化もしっかり根づいている。なによりもスペイン人と先住民が混血し、現在のメキシコ人の先祖を生み出したことは大きなできごとで、現代メキシコ人の営みの基盤となっている。

独立戦争時期から二〇世紀はじめのメキシコ革命までの間には、この国を揺さぶった神がかりの英傑が輩出した。英雄や豪傑、権力者や独裁者はみんな破格の人物だった。こんな風変わりな権力者はメキシコだけに生まれたとも言われている。マックス・ウェーバーが言う、なかば神聖な領域内で支配力を発揮した、カリスマ性を帯びた権力の掌握者にあたるのであろう。

メキシコ革命は一九一〇年に始まった。革命後は近代国家として脱皮する時期となるはずであったが、安定した共和国になるには苦渋の選択や試練が待ちうけていた。メキシコ革命は統一改革路線を追求するというより、誰が革命政権の権力者になるかという権力闘争に変形したきらいがある。

その後、革命こそ起こらなかったが、保守派の制度的革命党（PRI）による一党支配が続いた。とりわけアメリカ合衆国、カナダと北米自由貿易協定（NAFTA）を締結した時期のメキシコ大統領は、「皇帝のような大統領」と評されてその権力は絶大なものになっていた。しかし、反体制勢力は顕著に芽生えはじめる。一連の動きのなかで、一九八九年には中道左派の革命民主党（PRD）が生まれ、九四年にはグアテマラ国境に近いチアパス地方で、政府が民衆と乖離《かいり》した極端な近代化政策に踏み切ったことに抗議して、過激な先住民の蜂起《ほうき》が発生したことは知られている。

二〇〇〇年七月に中道右派の野党国民行動党（PAN）が、七一年ぶりに保守派の与党制度的革命党から政権を奪取したことは画期的なできごとであった。まさに革命のような改革で、マスメディアは「恐竜」が消滅してしまったと騒いだほどである。国民行動党のビセンテ・フォックス大統領の登場は新鮮であったが、政界に新風を送り込んだほかにメキシコにどんな足跡を残したのであろうか。二〇〇六年一二月にフォックス大統領は六年間の政権に幕を下ろした。

二〇〇六年七月に次期大統領を選ぶ直接選挙が実施されたとき、保守系の制度的革命党による権力の巻き返しはもはやなく、フェリペ・カルデロン大統領の国民行動党による政権継続が決まった。しかし、革命民主党候補の善戦ぶりは顕著で、得票率で〇・五八パーセント差、投票数で約二四万四〇〇〇票の僅差《きんさ》（メキシコの人口は約一億七〇〇〇万人）であった。性急な国内政治の改革を望む声と、民族主義に立脚する反米風潮が強いラテンアメリカ諸国のなかで、議会で過半数を持たない国民行動党が、与野党で政策を競争的に形成しながら民主主義国家へ進むためにどんな指導力を発揮するか、注目されている。

私たちはメキシコ人の陽気な一面だけを知っている。そんな私たちに、「メキシコ人というものは己のなかに閉じこもって、身を守る存在のように思われる。閉鎖性は、我々の猜疑《さいぎ》心《しん》と不信感への一つの手段である。その顔が仮面であり、微笑が仮面である」と、意外なこの国の国民性について解説をしたのは、『孤独の迷宮』を書いたメキシコ人詩人・作家でノーベル文学賞を受賞したオクタビオ・パスだ。目に見えないすべての壁に対して、仮面は防御として役立っているのかもしれない。「生皮を剝《は》がされた者のように、人生を生きていく。気難しい孤独のなかに追いやられている。このような反応は、我々の歴史がどのようなものであり、また我々が作り出した社会の性格がどのようなものかということを考えれば、納得できるだろう」とパスは語っている。

それほどメキシコの歴史は、古代から現代まで幾重にも折り重ねられ、人々の心性に重くのしかかっている。私たちもこの国の仮面を一枚ずつめくりながら、この国の歴史と社会について腰をすえて考えてみよう。

物語 メキシコの歴史 目次

第六章　白昼夢をみた皇帝　143

第九章　現代メキシコ　223

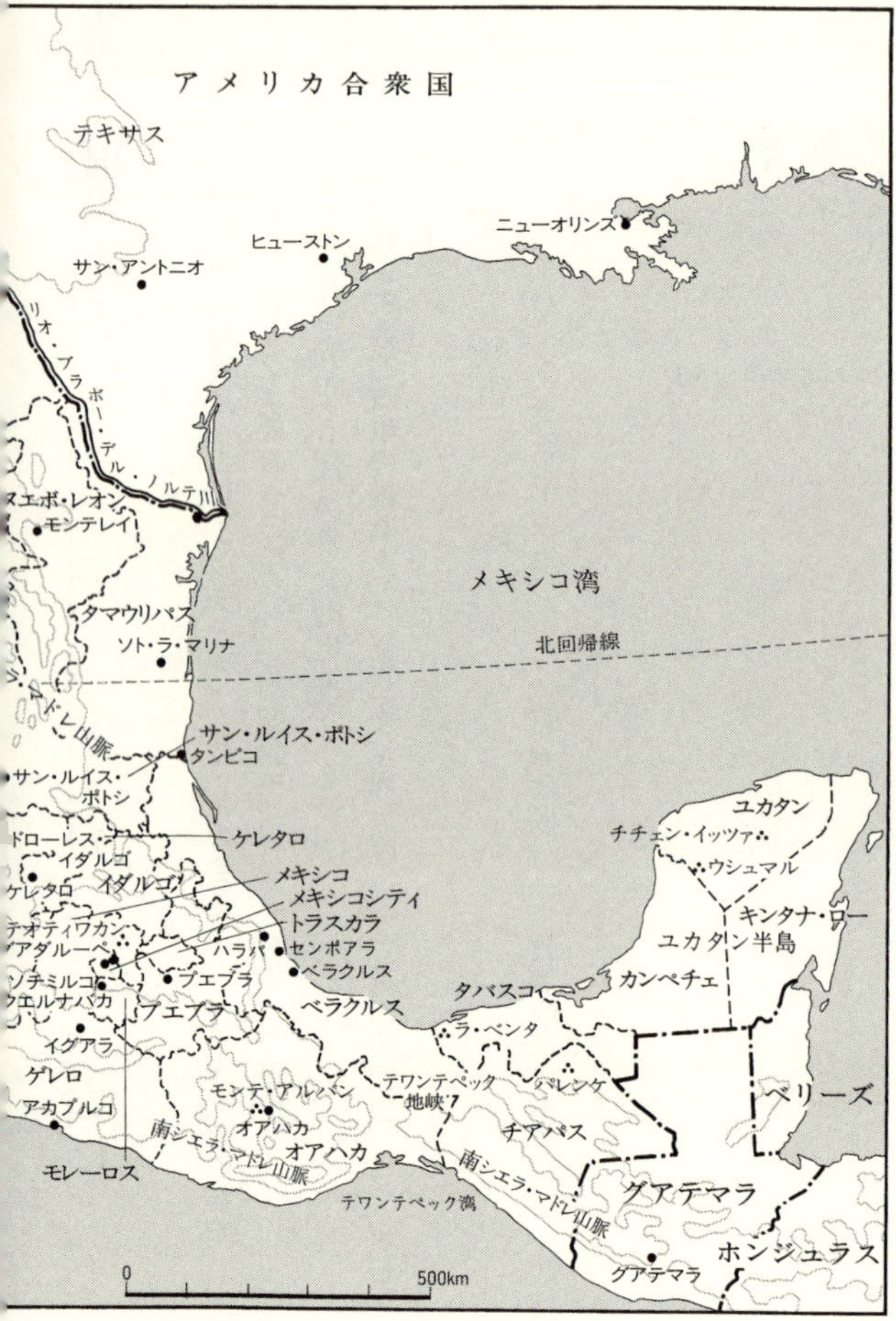
アメリカ合衆国
テキサス
ニューオリンズ
ヒューストン
サン・アントニオ
リオ・ブラボー・デル・ノルテ川
ヌエボ・レオン
モンテレイ
メキシコ湾
タマウリパス
ソト・ラ・マリナ
北回帰線
サン・ルイス・ポトシ
タンピコ
サン・ルイス・ポトシ
ケレタロ
ドローレス
イダルゴ
イダルゴ
ケレタロ
メキシコ
メキシコシティ
トラスカラ
テオティワカン
グアダルーペ
ハラパ
センポアラ
ベラクルス
ソチミルコ
プエブラ
クエルナバカ
プエブラ
ベラクルス
タバスコ
ラ・ベンタ
イグアラ
ゲレロ
アカプルコ
モレーロス
モンテ・アルバン
オアハカ
オアハカ
南シエラ・マドレ山脈
テワンテペック地峡
パレンケ
チアパス
テワンテペック湾
南シエラ・マドレ山脈
ユカタン
チチェン・イッツァ
ウシュマル
キンタナ・ロー
ユカタン半島
カンペチェ
ベリーズ
グアテマラ
グアテマラ
ホンジュラス
0
500km

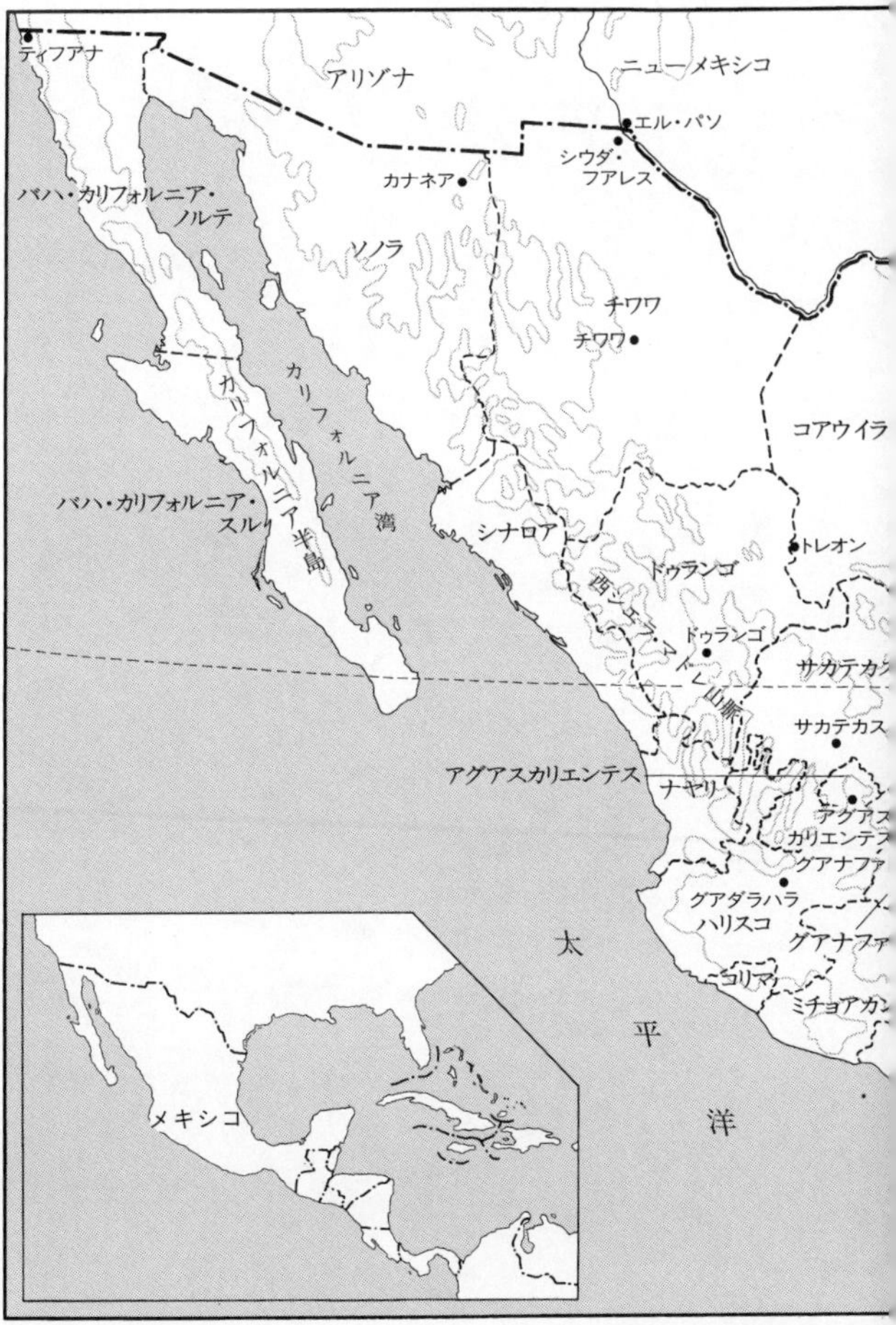
ティフアナ
アリゾナ
ニューメキシコ
エル・パソ
シウダ・
フアレス
カナネア
バハ・カリフォルニア・
ノルテ
ソノラ
チワワ
チワワ
コアウイラ
カリフォルニア湾
カリフォルニア半島
バハ・カリフォルニア・
スル
シナロア
トレオン
ドゥランゴ
西シエラ・マドレ山脈
ドゥランゴ
サカテカス
サカテカス
アグアスカリエンテス
ナヤリ
アグアス
カリエンテス
グアナファ
グアダラハラ
ハリスコ
グアナファ
コリマ
ミチョアカン
太平洋
メキシコ

第一章　文明の出合い

新大陸の「発見」

コロンブスの「発見」

一四九二年、新大陸を「発見」したコロンブスの航海記録は、私が子供の頃に読んだ『少年少女世界探検冒険全集』などでも根強い人気があった。

コロンブスは、新大陸発見の英雄として考えられていたからだ。日本でも「発見」五〇〇周年の一九九二年は、コロンブスにまつわる記念行事が開催され、復元されたサンタ・マリア号の記念周航などは多くの人の注目を引きつけた。

しかしそれまでにも、歴史研究者の間では、彼の偉業を「発見」とするか「遭遇」ととらえるか、語句の選択に慎重であった。「発見」とすると、ヨーロッパ史を世界の歴史と同一視する、古典的世界観にもとづく考え方を踏襲することになる。その立場からは、植民地支配や文明論的優位の傲慢《ごうまん》さを反省する考えは出てこないかもしれない。いっぽう多元的世界観の立場に立って「遭遇」を用いると、他者認識を明確にできる。コロンブスの航海を評価はするが、その意義も過大に称賛しない。このようにして、語句の選択論争は一応後者に落ち着いた。現在のメキシコでは、新大陸「到達」と教科書などで表記されている。

未知の大陸を「発見」したのはコロンブスだとするそれまでの通説に対して、メキシコの歴史学者エドムンド・オゴルマンは一九六一年に『アメリカは発明された――新世界の歴史の本質とその重要性に関する研究』という本を出版した。この場合、「アメリカ」とはもちろん、アメリカ合衆国ではなく南北アメリカ大陸をさしている。

メキシコ歴史学会会長でもあったオゴルマンが、「一四九二年問題」に一石を投じたことは意義深い。新世界の出現を説明する伝統的な解釈に含まれる不適切さを論及したのである。コロンブスが到達するまでにも存在していた「アメリカ」は発見されたのではなく、「アメリカ」という概念は後世の人々が「発明」したのだと、オゴルマンは言いたかったのである。

コロンブス自身は、航海の到達地点は日本近海の島の一つだと信じ込んでいた。実際に到達した現在のカリブ海域に所在するアンティル諸島、つまりアジア地域とは無関係な地域を、地球の極東地域と沿岸諸島であると信じたことによる。キューバ島の西海岸を踏査して、その地形が中国大陸の海岸線だと思い込んだからだ。アメリカ大陸を意図的に発見したのではない。アメリカ発見が彼の航海の目的でもなかった。後にアメリカ大陸と命名される地域に到達しただけである。これこそ歴史的事実であった。

アメリカという呼称は、一五〇七年に『世界誌入門』に収められたドイツ人地理学者ワルトゼーミュラーが作成した世界図に用いられたのが最初であった。彼はイタリア人航海者アメリゴ・ヴェスプッチがブラジル沿岸を航海（書簡は一五〇三年に公刊）したとき、目撃した土地がアジアではなく新世界であると確信したその説を支持し、アメリゴの名を大陸の呼称に用いたのである。

その後、ヨーロッパ人は、アメリカ大陸の実体とかけ離れた概念をつくりあげていった。先住民については未開人というイメージを、文明についても非ヨーロッパ的＝野蛮とみなすようになり、ヨーロッパ人に都合のよいイメージを発明していったのである。メキシコもまた例外ではなかった。

スペイン人との衝突

コロンブスが西インド諸島に到達して以来、エスパニョーラ島（現在のハイチとドミニカ）、キューバ島、サンファン島などで、スペイン人は先住民を奴隷として拿捕《だほ》したり、現地で物々交換などをしたりしていた。最初にスペイン人がメキシコ（ユカタン半島）に漂着したのは一五一一年であった。難破したスペイン船の十数名の乗組員のうち、最後まで生き残っていたのは二人だった。

その後スペイン人がメキシコを征服しようと企てたのは、コロンブスの新大陸到達から二五年経過した一五一七年である。エルナンデス・デ・コルドバがアンティル諸島、現在のカリブ海域のキューバ島、ジャマイカ島、ハイチとドミニカ、プエルトリコに駐留していたスペイン遠征隊を率いて派遣され、メキシコのユカタン半島に上陸している。この侵入者に対してマヤ文明圏の先住民は激しい戦いをした。

翌年には、ファン・デ・グリハルバが指揮する大規模な遠征隊が、メキシコ湾に面するユカタン半島からベラクルスにいたる海岸線と内陸部を探検した。そのとき、メキシコ内陸部に先住民の集団があるとの情報を得たため、キューバ総督ディエゴ・デ・ベラスケスは、現在のベラクルスにメキシコ遠征隊の拠点を建設するため、エルナン・コルテスを一五一九年に派遣している。この遠征隊は、五〇〇人の武装兵からなり、マヤ語とナワトル語に堪能《たんのう》であった先住民の女性通訳マリンチェをともなっていた。一五一一年の難破船の生存者ですでにマヤ語に熟達していたヘロニモ・デ・アギラールも、コルテスの要請でユカタン半島から馳《は》せつけて八年ぶりにスペイン人に再会し、同行した。

コルテスの部隊は一六頭の馬も連れた精悍《せいかん》な編成であった。その他に、この遠征隊にはそれまでスペイン人が配下にした先住民の協力者も含まれ、このことは成果に大いに寄与した。

二年後の一五二一年に、コルテスはアステカ帝国の都テノチティトランを制圧したが、この年こそ、アステカ帝国滅亡の年であった。

新大陸の古代文明

メキシコの自然

スペイン人がメキシコ内陸部を征服しようと虎視眈々《こしたんたん》としていたとき、メキシコの先住民はどうしていたのだろうか。また、征服以前の先住民はどんな営みをしていたのだろうか。まずメキシコの地理的環境について説明しよう。

人は環境に適応しなければならない。メキシコの気候は厳しく、地形は複雑である。広大なメキシコの国土は、北部と中央部、南部の大きく三つの地域に分けられる。

北部は北アメリカ大陸のロッキー山脈から延びた東シエラ・マドレ山脈と、西シエラ・マドレ山脈からなる二つの山岳地帯と、太平洋とメキシコ湾にいたるなだらかな平地部分からなる。国土の中央部を走る北回帰線の北に位置し砂漠地帯も広がる乾燥した熱帯性気候の風土は「国境の南《サウス・オブ・ザ・ボーダー》」としてハリウッド映画でしばしば描かれ、メキシコを代表するイメージの一つだ。メキシコ革命の激しい戦場ともなった。北部の面積は、国土の約半分にも相当する広大な地域で、製塩業、鉱業、林業、漁業、農牧畜業がさかんである。

中央部は、メキシコの人口が集中しており、標高二〇〇〇メートル以上の高原地帯はこの国の人々の営為の中心となっている。アステカ帝国もこの地域に栄えた。メキシコの首都メキシコシティもこの地域にある。高い山々や、なかには活火山の間にはさまれて盆地が形成されている。熱帯性気候だが高地のため、朝夕は寒冷地のような気候となる。雨は六月から九月に集中し、スコールのような激しい降り方をするが、年間を通じて住みやすい気候と言えよう。ただ、乾季は極度に乾燥している。盆地となっているメキシコシティでは近年、急増した自動車の排気ガスから生じる大気汚染が、深刻な問題を生み出している。

太平洋岸やメキシコ湾岸地帯の平地は暑さも厳しく、世界的なリゾート地アカプルコもこの地帯にある。熱帯性気候を代表する植物の栽培もさかんで、サトウキビ、コーヒー、ワタの栽培に適している。メキシコの農地の大きな部分がここに集中している。

メキシコの国土面積は一九六万平方キロメートルで日本の国土の約五倍、フランスのほぼ三倍半に相当するが、その可耕地面積は、国土のわずか一五パーセントだと言われている。

日本の可耕地面積は四〇パーセントぐらいだから、メキシコはあまりにも耕地の有効利用率が低い。東京から新大阪までの東海道新幹線の沿線は、一部地域を除いては切れ目のない住居群と耕作地が続くが、この様子を見たメキシコ人観光客が、一様に驚きを示すのは無理ないことだ。

グアテマラとベリーズに国境を接する東南部は湿度が高い。地形はかなり複雑であるが、山岳地帯は中央部の山脈のようには高くない。三五年間も独裁政権を維持したポルフィリオ・ディアス将軍時代に運河建設の計画があった幅二〇〇キロメートルのテワンテペック地峡のように、メキシコ湾と太平洋を結ぶ細い地帯は、標高も三〇〇メートルに及ばない。気候は、熱帯性密林地帯であって、ユカタン半島を含むマヤ文明圏はこの地帯にあった。降雨量の少ない地域になると、サバンナ（草原地帯）、ステップ（温帯草原地帯）に移り変わっていく。

先住民は、スペイン人に征服されるまで、こんな自然条件の下に居住していた。

時代の認識

マヤ文明やアステカ文明と言えば、メキシコを代表する古代文明として知られている。これらの古代文明は、すべてとても古い時代に栄えた先住民の営みだとの先入観はぬぐい

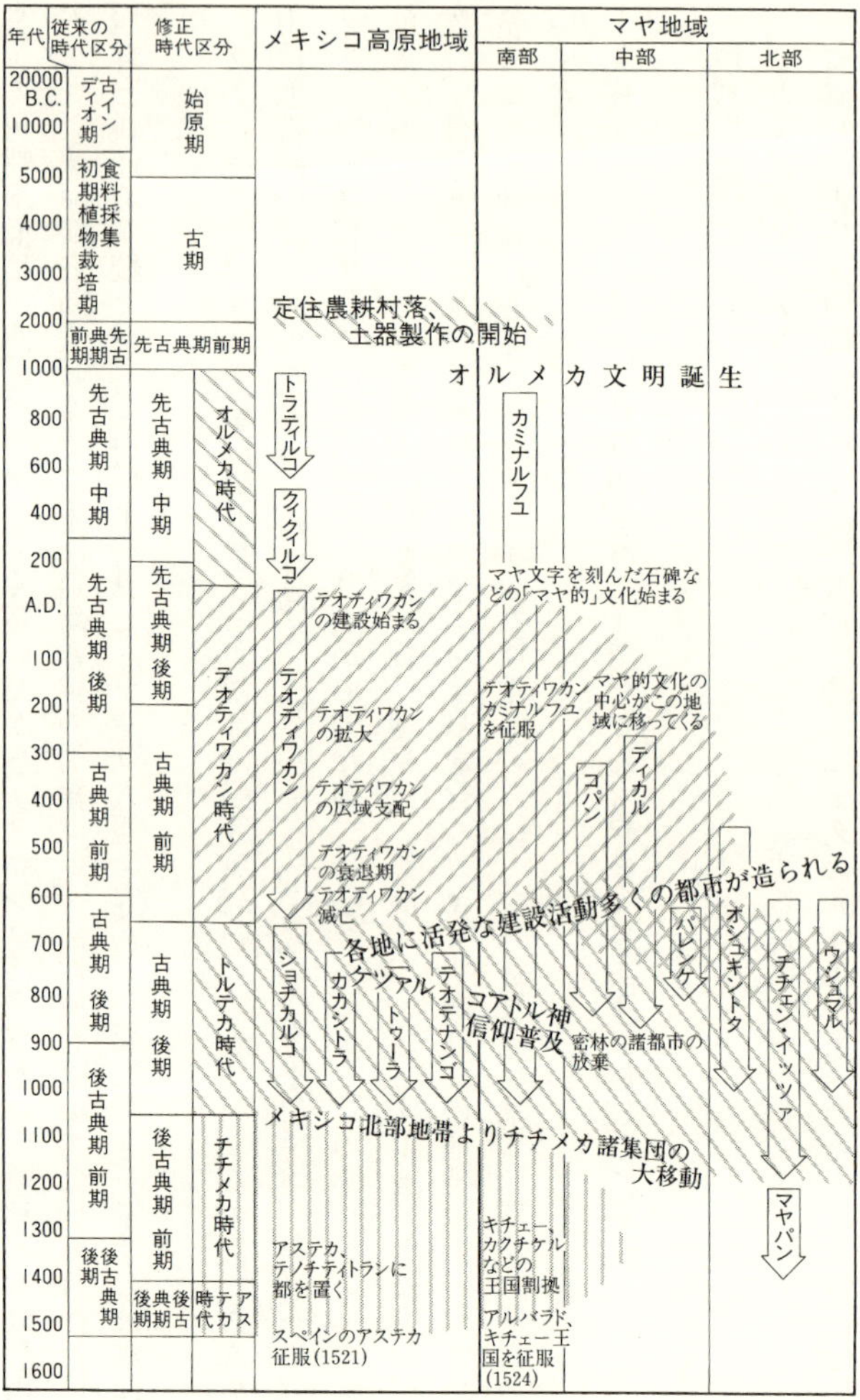
年代
従来の時代区分
修正時代区分
メキシコ高原地域
マヤ地域
南部
中部
北部
20000 B.C.
10000
5000
4000
3000
2000
1000
800
600
400
200
A.D.
100
200
300
400
500
600
700
800
900
1000
1100
1200
1300
1400
1500
1600
古インディオ期
食料採集初期植物栽培期
前古典期先
先古典期中期
先古典期後期
古典期前期
古典期後期
後古典期前期
後古典期後期
始原期
古期
先古典期前期
先古典期中期
先古典期後期
古典期前期
古典期後期
後古典期前期
後古典期後期
オルメカ時代
テオティワカン時代
トルテカ時代
チチメカ時代
アステカ時代
定住農耕村落、土器製作の開始
オルメカ文明誕生
トラティルコ
クィクィルコ
テオティワカン
テオティワカンの建設始まる
テオティワカンの拡大
テオティワカンの広域支配
テオティワカンの衰退期
テオティワカン滅亡
カミナルフユ
マヤ文字を刻んだ石碑などの「マヤ的」文化始まる
テオティワカンカミナルフユを征服
マヤ的文化の中心がこの地域に移ってくる
コパン
ティカル
パレンケ
オシュキントク
チチェン・イッツァ
ウシュマル
各地に活発な建設活動多くの都市が造られる
ショチカルコ
カカシトラ
トゥーラ
テオテナンゴ
ケツァルコアトル神信仰普及
密林の諸都市の放棄
メキシコ北部地帯よりチチメカ諸集団の大移動
マヤパン
アステカ、テノチティトランに都を置く
スペインのアステカ征服(1521)
キチェー、カクチケルなどの王国割拠
アルバラド、キチェー王国を征服(1524)

メソアメリカ史年表（『季刊文化遺産』第15号より）

出典：MAURICIO SWADESH, Ochenta Lenguas Autóctonas, *Esplendor del México Antiguo,* I, Editorial del Valle, 1976, México.

16世紀のメキシコと中央アメリカの言語分布図

（『季刊文化遺産』第15号より）

切れない。「マヤ文明やアステカ文明は遠い古代の同じ時代に栄えた」私たちはそんな時代認識をしていないだろうか。

たとえば、現在、メキシコを訪れる人の多くが観光に訪れる太陽のピラミッドや月のピラミッドで知られるテオティワカン遺跡は、メキシコ高原の古代都市で、紀元前後から七世紀頃まで栄えていた。平城京遷都は七一〇年だったと考えてみると分かりやすい。いっぽう、マヤ文明史のなかで最もよく知られるマヤ古典期文明は、紀元三世紀に始まり九世紀頃に衰退期が到来した。さらに、アステカ帝国にいたっては室町時代である一五世紀に栄えていた。同じ古代文明と言っても時代にはこれほどの差があるのだ。

マヤやアステカ以外にもさまざまな古代文明が存在した。これらの古代文明をどう区分するかについては、古代史年表を見ても時代区分が複雑で難解である。また、文明を担ったいろいろな民族の名前と、文明の中心地を詳しく知るのも面倒だ。各地の文明を築いた民族が用いた言語も多数にのぼる。いったいどうすれば、それらをうまく理解できるのだろうか。次に各ポイントごとに整理して述べよう。

人類の到来

まず、最初の人類はアメリカ大陸にいつごろ移動してきたのだろうか。

アジア東北部に住んでいたモンゴロイド系の狩猟民が、氷河時代の更新世後期、ウィスコンシン氷河期と呼ばれる時期に、陸橋となっていたベーリング海峡(ベーリンジアと呼ばれている)を渡ってゆっくりと小さな移住の波をなして、アメリカ大陸へ到着したことが知られている。世界史では旧石器時代にあたる、ほぼ三万五〇〇〇年前にアメリカ大陸へ人々の移動が始まり、九〇〇〇年前には今のアルゼンチンのパタゴニアにも人類が住むようになって、火を利用し石器を使っていた。

メキシコには、二万年前から人類が住んでいた。彼らは狩猟民で石器を使い火を利用していた。

メキシコ高原のテワカーン盆地にある遺跡の発掘調査で、日本では縄文時代にあたる紀元前七〇〇〇年頃に、狩猟者や採集者がいたことも分かっている。その後、人口増加がみられ、紀元前三五〇〇年頃には農耕が重要な生産手段となっていた。

トウモロコシ、インゲンマメ、カボチャ、トウガラシなどの栽培や収穫をしていたが、まだ、食物のなかで農業生産物が占めるのは二〇パーセントくらいと低く、大半は野生の動植物の狩猟採集に頼っていた。トウモロコシの穂軸は数センチ以下で、そこにはまばらに小さい穀粒が実っているにすぎなかった。メキシコ人がこれを常食できるほどに改良するには長い時間がかかったことが想像できる。次第に道具類はふえ、メキシコ人が今でも使っているメターテ（足つきの石製まな板のような臼《うす》）の原型のような調理器具も現れている。

メキシコと中央アメリカを含む、考古学上の古代文明圏「メソアメリカ」は、アンデスとよく対比される。そこでは、紀元前一五〇〇年から前九〇〇年の間に、農業生産の比率が高まり人々は定住することになった。今まで述べた栽培植物のほかに、アボカド、チア（セイジの一種）、サポジラ（樹液からチューインガムの原料をとる植物）などが作物化され、ワタも栽培されたようである。人々の生産活動も高まり、出来のよい石器や土器も作られた。

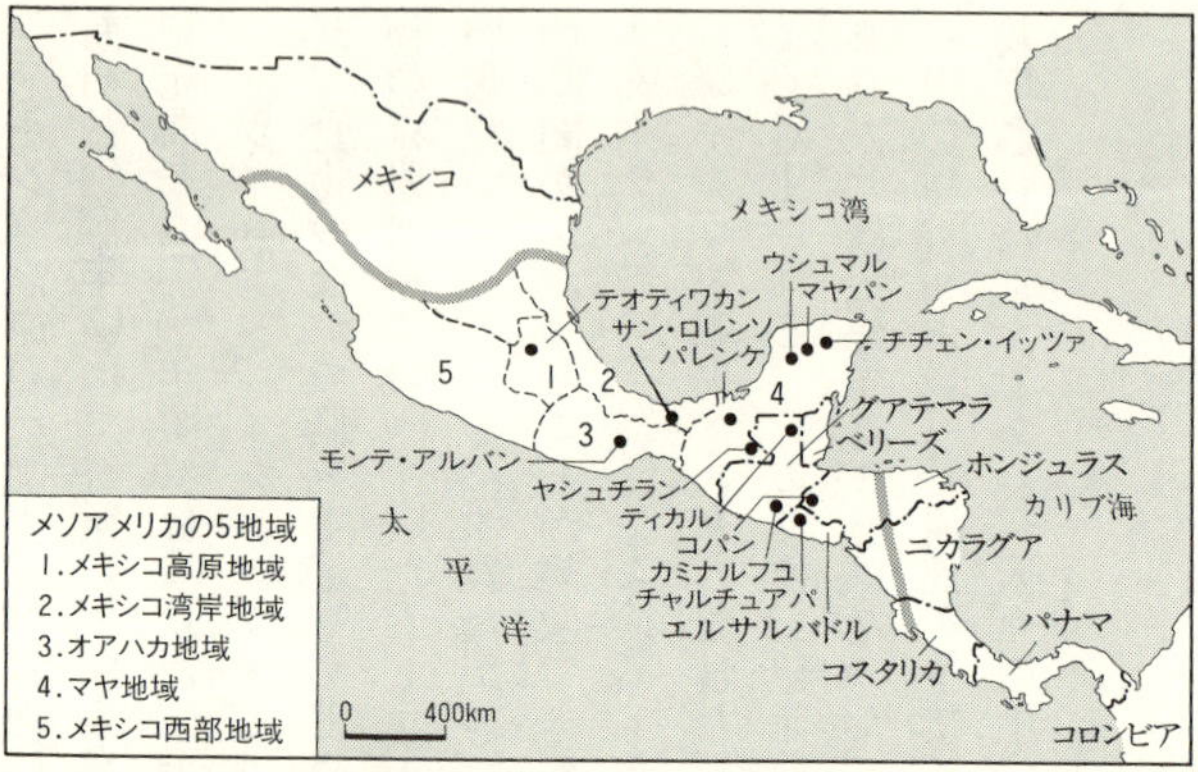

メソアメリカ文明圏の５つの地域（作図・大井邦明）

メソアメリカ文明圏

メソアメリカ文明圏は、一般的には三つの時代と五つの地域に分類されている。

文明の栄えた時期は、オルメカ文明の時代である先古典期（形成期）と、テオティワカン文明やマヤ文明が栄えた古典期と呼ばれている開花期、それに続くアステカ文明に代表される後古典期の三つに区別される。五つの地域とはメキシコ湾岸地域、マヤ地域、メキシコ高原地域、オアハカ地域とメキシコ西部地域である。

まず、ベラクルス周辺のメキシコ湾岸地域は、メソアメリカ文明の源流と言われるオルメカ文明が紀元前一二〇〇年頃から前四〇〇年頃まで栄えた。メソアメリカ文明圏の文明の水準を飛躍的に高めたと言われている。彫刻に秀でていたオルメカ人は、巨石人頭像などを作っている。雨と豊穣《ほうじょう》のジャガー信仰もさかんであった。ジャガーはヒョウに似た大型の肉食獣で、オルメカ文化のシンボル的存在と言えよう。絵文字や数字を描いた祭壇もあり、とくに、ゼロの概念を用いた計算と暦を使っていたと言われている。

ユカタン半島を中心としたマヤ地域には、輝かしい文明、マヤ人によるマヤ文明がオルメカ文明の時代からスペイン征服までの二千数百年の間盛衰をくり返した。マヤ文明についてはあとで説明することにする。

また、メキシコ高原地域には、紀元前後に始まる新大陸最大の都市を築き広域に強い影響を与えたテオティワカン文明が栄えていた。メソアメリカを代表する都市国家である。さらに、同地には一五世紀にアステカ帝国が栄えた。この二つについてはマヤ文明とともに別に紹介することにしよう。

オルメカ文明の巨石人頭像
ベラクルス州サン・ロレンソ
（撮影・大井邦明）

四番目の中心であるオアハカ地域では、初期文明オルメカの段階から、サポテカ人やミシュテカ人などが個性的な都市文明を生み出し、モンテ・アルバン遺跡、ミトラ遺跡などを残した。

五番目のメキシコ西部地域は考古学的調査が進んでいない。そのなかでミチョアカン州ツィンツンツァンに都を置き、一四～一六世紀アステカ帝国の強力なライバルだったタラスコ王国がよく知られている。

以上がメソアメリカ文明圏のあらましだ。

マヤとメキシコ高原地域

古代文明の歴史の流れを解明していくと、結局、マヤ地域とメキシコ高原につながっていく。それほど両文明地帯はメソアメリカ文明圏に大きな影響力を持っていた。

まずマヤ地域は、すこぶる水準の高い文明を築いていた。この地域は、王権の権力を誇示することに直接結びついた貴重品、コパル樹脂香やヒスイ細工など、王権の威信を象徴する商品の流通と独占的な生産地域であった。他の地域にみられない特色ある地域であり、スペイン人の勢力にアステカ帝国が征服されたあとも、このマヤ地域は、一六世紀半ばまで小勢力が割拠しながらも征服されることはなかった。マヤ中部の密林地帯にあったタヤサル王国のイッツァ人にいたっては、征服されたのは一六九七年のことだった。一つの歴史の終止符である。

いっぽう、メキシコ高原は、オルメカ文明の影響を受けて徐々に都市文明を築いた。紀元

マヤ文明　上・グアテマラのティカル遺跡。下・ユカタン州のウシュマル遺跡の「魔法使いのピラミッド」
（撮影・上下とも大井邦明）

テオティワカン文明　月のピラミッドより望む太陽のピラミッド（撮影・大井邦明）

前後頃、テオティワカン文明という、政治的にも宗教的にも突出した一大文明圏を形成し、七世紀まで続いた。テオティワカンの滅亡後、トルテカ人がショチカルコ、テオテナンゴ、クルワカン、トゥーラなどの城塞《じょうさい》都市を築いた。

一一世紀になって、メキシコ高原や周辺地帯にチチメカ人の大移動が起こる。チチメカ人は一三世紀になると、マヤ地域にまで侵入して、民族分布や文化に影響を与えた。好戦的なチチメカ人は一四世紀になると広範囲の移動を展開し、マヤ地域の小勢力王国の割拠に加担していく。この移動の間に他民族や文明を破壊したことから「蛮族」という異名を与えられた。

一五世紀になるとメキシコ高原は、チチメ

カ人の一派でアステカ人（メシカ人）と呼ばれる民族の勢力下となった。アステカ人は、周辺地域のトトナカ人、ワシュテカ人、オトミー人を軍事征服する。その結果、支配下の多くの民族集団を含むと最大勢力は五〇万人とも言われる大都市国家アステカ帝国を築くようになった。

新大陸の贈り物

新大陸から世界中に広まり、私たちに恩恵を与えたものは数多くある。たとえば、トウモロコシ、インゲンマメ、カボチャ、ジャガイモ、トウガラシ、トマト、アボカド、パイナップル、パパイヤ、グァバ、ピーナッツ、サツマイモ、ユカなどの食用植物。花ではヒマワリ、ダリア、ポインセチア、コスモスなど。その他にカカオ、チューインガムのもとになるチクル、バニラ、ゴム、タバコ、サイザル麻などがある。これらは新大陸の贈り物と言えるかもしれない。現在の私たちの食生活を豊かにしているものもある。

ピラミッドなど巨大建造物を建設するほどの諸都市は当然、多くの人口をかかえていたはずだ。その人口を養うには食物の確保と栽培方法の確立が要求される。メソアメリカには鉄器はなかったし、車輪もなかった。土地を耕す牛馬も新大陸にはいなかった。独特の技術体系を生かしていたが、石器時代の技術水準であったと言っても差し支えない。

しかし、機械に対応する技術は低いが、人間の対応性における一つの高い到達点があった。「単純ハードと高度のソフト」を密着させていたと言える。ソフトは自然への深い理解と、その運用にもとづいていた。その代表的なものが「チナンパ農法」だと言う。

メキシコに出かけた観光客のなかでソチミルコへ舟遊びに行った人もいるだろう。美しい湖沼地帯の舟遊びは忘れられない思い出である。観測用人工衛星の映像分析によると、ここにはかつて運河が網状にはりめぐらされていた様子がわかっている。淡水湖のソチミルコのチナンパと呼ばれる湖上の畑にはトウモロコシなどが栽培されていた。水路の底にたまった肥《ひ》沃《よく》な土壌や腐敗した水草は申し分のない腐葉土となる。チナンパ農法とはそれを利用して、トウモロコシの茎や乾いた土を混ぜて培養土とし、作物を栽培するもので、近代農法の生産性に劣らない収穫率が検証されている。すばらしいノウハウで、テオティワカン文明やアステカ文明の食糧生産の基礎がここにあった。

チナンパと水路（撮影・大井邦明）

羽毛の生えた蛇神

　メキシコの国旗には蛇が描かれている。蛇は鷲《わし》にくわえられていて、その鷲は湖の浮き島に生えたサボテンに止まっている。不思議な図柄だが、この構図はメキシコ建国の歴史を象徴している。余談になるが「クレブラ（ガラガラヘビの意味）」というマリアッチの名曲は、音をたてながら蛇が地上をクネクネと進む様子がユーモラスに演奏されるため、メキシコ人に好評で定番の一曲となっている。

メキシコの国旗

　蛇は多くの人が嫌悪感を抱く生き物だと思う。だが、羽毛が生えた蛇とはどんな格好の蛇なのか。想像するだけでおもしろい。メキシコではこの蛇は特別扱いにされている。

　羽毛の生えた蛇は、実はケツァルコアトルと呼ばれる神であった。「ケツァル」とはグアテマラの国鳥の名や、グアテマラ共和国の貨幣単位の名にもなっている神の名前で、蛇（コアトル）と結びつけられ、水と農耕に関連する農業神となった。

　この蛇は人の名前にもなった。年代記によればトルテカ帝国の第四代の王は八四三年に誕生し、その名をセ・アカトル・ケツァルコ

ケツァルコアトルの彫刻　テオティワカン文明のケツァルコアトルのピラミッド（撮影・大井邦明）

アトルと言った。この王は、オルメカ時代からアステカ時代までメソアメリカで根強く習慣として続いた人身供犠《くぎ》を否定したことで知られている。

ケツァルコアトルにまつわる史実としては、次のようなことが知られている。メキシコ高原に栄えたトルテカ帝国は、メキシコ北部乾燥地帯の先住民チチメカ人により一一世紀に破壊された。トルテカの最後の王の名前もウエマク・ケツァルコアトルであった。チチメカ人はさらにその後も、メソアメリカ地域を大移動して各地の文明を破壊したため、蛮族の異名をとったことは、すでに述べてきたとおりである。

一五世紀に栄えたアステカ帝国の王モクテスマ二世（在位一五〇二－二〇）は、コルテ

マヤ文明・チチェン・イッツァ遺跡のククルカンの神殿　秋分の日の北側階段に現れた光と影の蛇（撮影・大井邦明）

スの侵略軍が一五一九年にメキシコ湾岸の港町ベラクルスに到着したことを知ったとき、コルテスの登場をケツァルコアトルの再来と思い込んだ。トルテカ帝国内の内紛で敵の奸計《かんけい》に敗れ東海（メキシコ湾）の彼方《かなた》に去ったとするケツァルコアトルが再来を期すという伝説が伝わっていたためである。そのためモクテスマ二世は征服軍に抵抗はしたものの、最後にはコルテスに恭順してしまった。帝国の滅亡にこの蛇神がかかわっていたのである。

羽毛の生えた蛇神ケツァルコアトル神の姿は、現在、テオティワカン遺跡のケツァルコアトルのピラミッド壁面に見事な彫刻として残されている。また、マヤの遺跡チチェン・イッツァにも、ケツァルコアトルにあたる、羽毛の蛇の石柱や、「ククルカン（マヤ語で羽毛の蛇）の神殿」がある。

マヤ絵文字と暦数

一六世紀の中ごろ、ユカタン半島で布教したフランシスコ会修道士ディエゴ・デ・ランダ神父（一五二四／二五―七九）は、多くのマヤ人をキリスト教に改宗させたことで知られている。この神父はマヤ古来の信仰の儀式や習慣を邪教と考え、人々から徹底的にとり除いた。先住民の書いた書物は迷信と虚偽に満ちていると断じてことごとく焼き捨てた。そのため、今日、私たちが得られるマヤ文明についての知識は、考古学や文化人類学の研究成果とともに、焚書《ふんしょ》から逃れた三冊の絵文書を主な源としている。保管されている場所にちなんで「ドレスデン絵文書」、「マドリード絵文書」、「パリ絵文書」と呼ばれている。これらの絵文書はマヤの遺跡と碑銘に残された絵文字と暦数とともに、マヤ文明研究に不可欠なものとなった。

ランダは先住民の異教の信仰や偶像崇拝の儀礼を忌み嫌ったが、反面、マヤ文明の宗教、言語、伝承、風俗などについて異常な関心を寄せていた。言葉の違いと先住民との意思疎通の困難さを克服して、マヤ人の貴族から聞き取り調査した結果を一つの報告書にまとめた。この記述はユカタン半島部分のマヤ地域に偏っているし、体系だったものでもなく、キリスト教文明の先入観に左右されているが、『ユカタン事物記』と呼ばれる著作となり、マヤ文明の研究には不可欠の資料となっている。焚書を断行した本人の記録が、消された文明をよみがえらせるのに一役買っているとはまことに皮肉である。私たちは歴史を消された人々がいたことを忘れてはならない。スペインの征服で歪《ゆが》められた歴史しか残っていなくとも、歴史は切断されてはいない。

しかしこの文書の存在はしばらく忘却されていた。欧米人がエジプトをはじめとする、世界の古代文明探求に拍車をかけた一九世紀、マドリードの歴史アカデミーで一八六三年にこの文書は見つかり、翌年出版された。これを機にマヤ文明の存在が広く世界中に知られるようになる。マヤ人が絵文字を使い、天文暦数に優れ、見事な美術を残し、高度の文明を生み

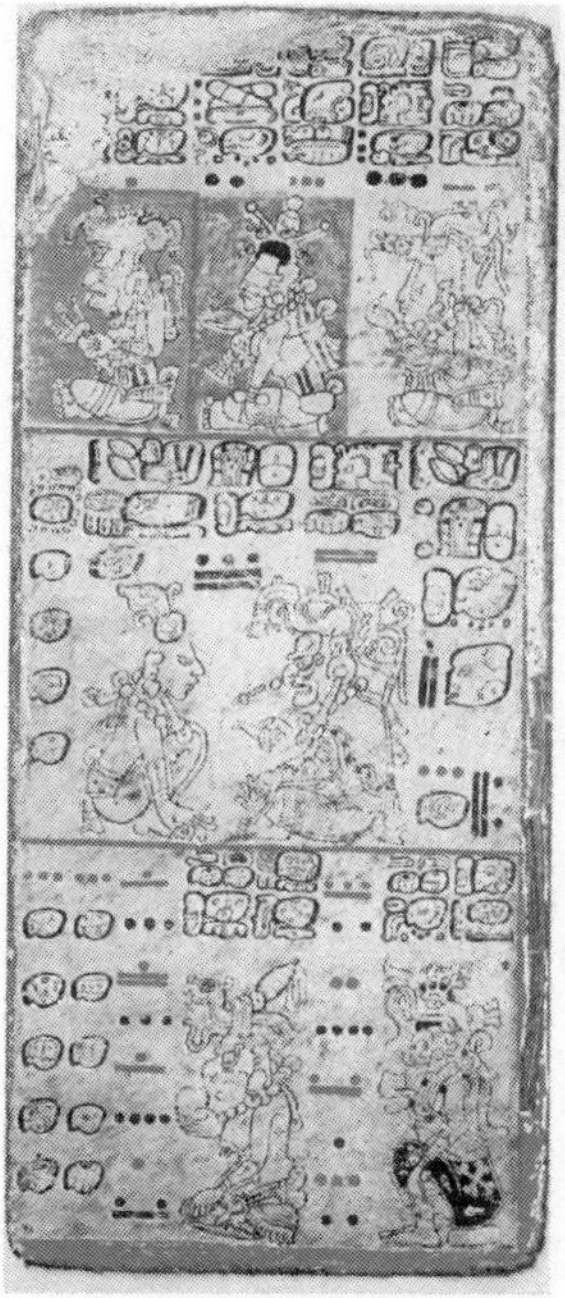

ドレスデン絵文書に描かれたマヤの神々と絵文字

出していたことを示した。

ランダの文書が見つかる二〇年ほど前に、マヤ遺跡を二人一組になって精力的に踏査した人たちがいた。アメリカ人のジョン・ロイド・スティーヴンスとイギリス人の画家フレデリック・キャザーウッドである。この二人は、多くの人がメキシコの古代文明地帯の存在は空想だと言っていた時代に、その実在を証明した。困難な旅をしてチチェン・イッツァやトゥルムの遺跡も訪れている。とくに、キャザーウッドは遺跡の神聖文字を精密なスケッチをして写しとった。

その他にも、マヤ文明へ関心を抱いた人は多くいるが、そのなかでもキングスバロー卿《きょう》としてよく知られているエドワード・キングは、奇人とまで言われたほど、マヤ文明の魅力のとりこになった人物である。自分の財産をすべてつぎ込むほどの執着ぶりは異常だった。ついに、九巻に及ぶ大冊を刊行してマヤ文明の遺跡の記録や写生図を出版した。「ドレスデン絵文書」の最初の複製もこのなかに含まれている。マヤ研究を志した者はその後も途絶えたわけではない。一九一五年から、ワシントンのカーネギー研究所が壮大な規模でマヤ文明の考古学的調査をしたことも知られている。

マヤの絵文書は、一種の図案のようなものを用いて人の意思を伝えている。それは単に表意文字なのか、表音文字としても用いられたのか問題になった。ランダは音読しようと試みたが、結局、表音文字ではなく表意文字であったという考え方が二〇世紀はじめには支配的となった。絵文書の解読はこれまでに何度も試みられてきたが、すべてを知ることは困難なようである。一九世紀末にドイツ人のパウル・シェルハスは、マヤの三つの絵文書に描かれた図案をアルファベットの記号をつけて分類した。これを基礎にして考古学、民俗学、文献学、文化人類学などの学際的研究により、マヤの絵文書はさらに詳しく明らかにされた。

マヤ文字の例　時の神聖文字とその諸形態
(石田英一郎『マヤ文明』より)

絵文書に表れる、マヤの神々の名称と形態はおもしろい。だがそれらの解明は進んでいるものの、マヤ社会に君臨していた神官の思弁が矛盾をはらんでいたことも影響して、無数の神々すべてについて私たちが知ることはできない。神々は相反する属性を備えており、天空と地上、昼と夜、生と死のような二面性が一つの神に備わっていた。同様に、善と悪、恵みと荒廃をもたらす二元性もあった。性の転換や、青年

自殺の神イシュ・タブ

雨の神チャック
（石田英一郎『マヤ文明』より）

と老人のような年齢差も一つの神が表現していた。その背景には、太陽が日没になると地下に沈み地界を通過して、翌朝、日の出とともに地上に現れ天界に昇るというような、今では当然の現象を神秘的に考えていたことがあげられる。この考え方によれば、同一の太陽の運行が一方で正反対の属性を備えていたことになる。蛇やワニの宗教的シンボルにもこの両面性が表れている。

宿命論者とも言えるマヤ人は行動規範を暦に縛られていた。その束縛から解放する術《すべ》もきちんと同じ暦に組み込んでいたのは注目に値する。悪神に取りつかれた者は、神をなだめる善神に救済を頼むこともできた。そのために、いけにえや祈願の儀式があり、支配階級の神官は神々の矛盾する属性を巧みにあやつっていた。

神格の首座を占めていたのは雨の神チャックであった。マヤ人は農耕に依存する社会なので、水の恵みや豊穣を象徴する雨の神は重要な信仰の対象となっていた。チャックの垂れ気味の長い鼻は蛇を象徴している。蛇は水の属性を象徴していた。その鼻は湾曲してその鼻筋の上に涙のつぶがついている。雨の神チャックは、三つの絵文書のなかでいちばん頻繁に描かれていた神格である。

自殺の死神イシュ・タブという神もいた。マヤ人は首をくくって死ぬ者が多いとランダも書き残しているように、自殺すれば、天国で安息が与えられるという信仰があった。農耕に関する神で、風の神と金星の神でもあったケツァルコアトル神は、マヤ世界にも伝わっていて、ククルカン（羽毛の生えた蛇神）と呼ばれていたことは前に述べた。雄大なチチェン・イッツァ遺跡の神殿はよく知られている。

このようにマヤ古代の神々は、雨の神やトウモロコシの神のように日常生活と密着したものが主で、ついで、大自然をとりまく特定のもの、たとえば、星座などに神格が割り当てられていた。

キチェー・マヤの聖なる書『ポポル・ヴフ』

マヤの人々の生活は、時間と数を組み合わせた複雑な暦に従っていた。暦はマヤの信仰生活の基本であると同時に、農業生活の要請にも応《こた》えた大切な生活の基盤でもあった。マヤの神官は肉眼だけで天体を観測し、数字のゼロは発見していたが、分数も小数も使用しない数学の方式を用いて一六世紀末のグレゴリオ暦よりも正確に太陽の周期を算出し、月や金星の

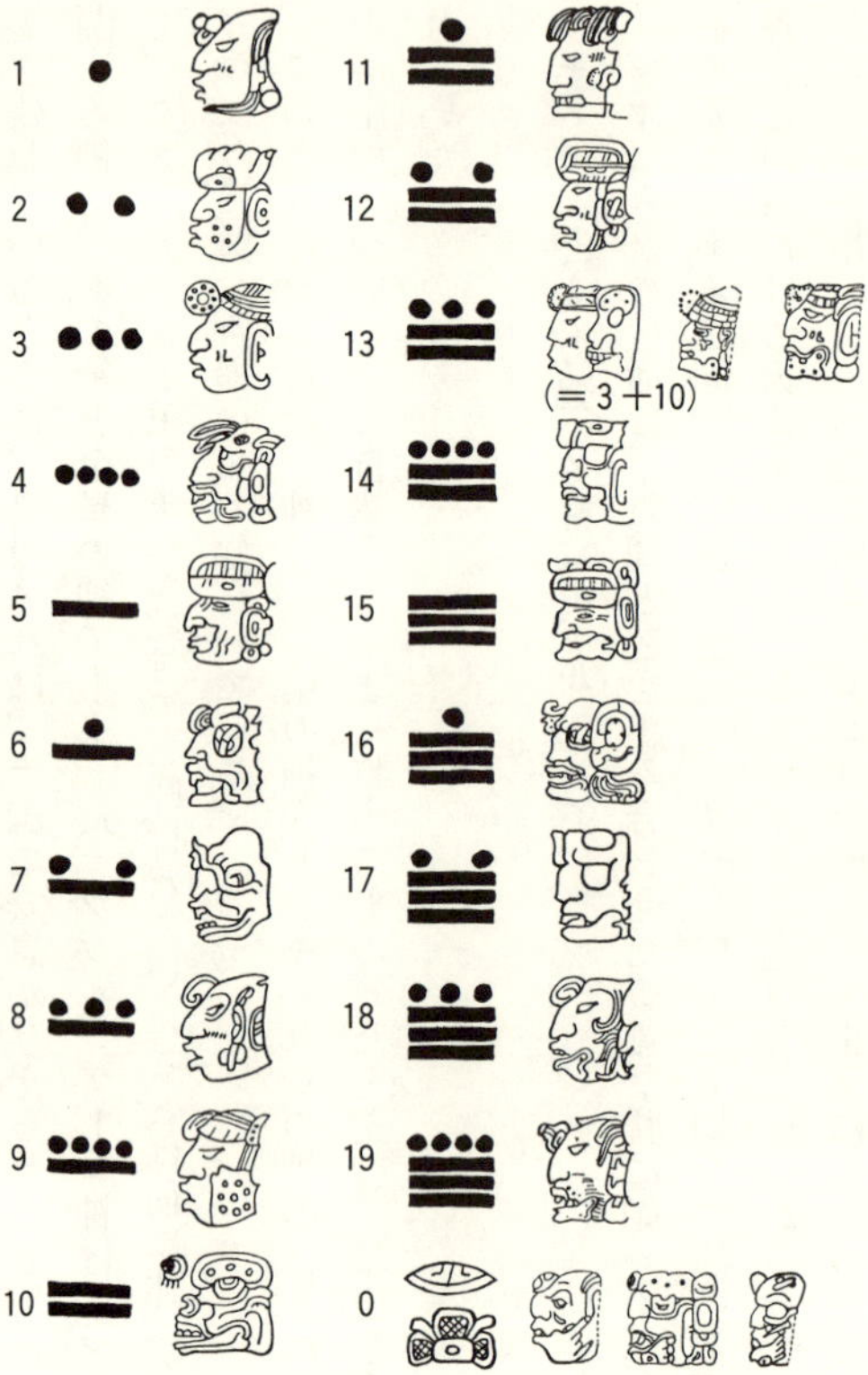

マヤの数字（石田英一郎『マヤ文明』より）

周期も算出していた。二〇進法による卓越した暦数の計算もしており、当時の天文学と数理の水準は驚異的だと言われている。

グアテマラ共和国の首都グアテマラ市西方の高地に、美しいアティトラン湖がある。その周辺の先住民はスペイン人の手でカトリックに改宗させられたが、先祖の宗教とキリスト教を巧みに習合して独特の信仰生活を送っていた。そこのキチェー・マヤ人はキチェー語で神話を残している。一八世紀のはじめ、その地域に赴いたドミニコ会修道士フランシスコ・ヒメーネス神父は、マヤの知識人がその神話をローマ字で書き残したものを筆写した。これが『ポポル・ヴフ』で、キチェー・マヤ人の『古事記』または旧約聖書とも言われている。この書にはマヤ人固有の考え方がうかがえる。そのなかでは、天地創造から人間の起源神話についても語られており、トウモロコシを肉として新しく人間が誕生したことになっている。グアテマラ人で一九六七年にノーベル文学賞を受賞したミゲル・アンヘル・アストゥリアス（一八九九－一九七四）はこれを題材にして『トウモロコシの人間たち』という題名の小説を書いた。

『ポポル・ヴフ』には、グアテマラ高地のマヤ系の人々の祖先は、メキシコ高原のトルテカの都トゥーラから長い旅をしてこの奥地に定着したことも書かれている。このことからも、メソアメリカ文化圏は、広範囲な人と文明の移動があったことがわかる。

マヤ語による古来の伝承を訳したものには、『ポポル・ヴフ』以外にも、征服時期以前の様子を北ユカタン地方の神官がローマ字に書き残した文書群『チラム・バラムの書』や、人間の起源から植民地時代にいたるグアテマラのカクチケル人の歴史『カクチケル年代記』がある。これらもマヤ文明と神官の呪術《じゅじゅつ》を知るための資料として価値は高い。

アステカ帝国の循環史観

マヤ文明とともに、アステカ帝国もまたメキシコを理解するうえで欠かせない。一四世紀にメキシコ中央高原で周辺諸民族から農耕文化を短期間に取り入れ都を築いたこの帝国は、一五二一年にスペイン人に滅ぼされている。

この民族はアステカ人またはメシカ人という名称で、帝国の都が置かれた場所はメシコ(Mexico)・テノチティトランと呼ばれた。メキシコの国名はこのメシコという言葉に由来する。メシコの語源は、太陽と戦いの神ウィツィロポチトリの別名メシトリであるため、メキシコは「太陽の国」と呼ばれることがある。いっぽうアステカとは、この民族の発祥地アストラン(白鷺《しらさぎ》の生息する地)からとられている。ウィツィロポチトリ神がアステカの人々に「サボテンに鷲が止まった場所」を都として定めよと予言が下り、一三二五年にテノチティトランを都とした。この予言を図案にしたものがメキシコの国旗に描かれている。現在のメキシコシティが位置している場所である。

マヤ文明を知る手がかりとして、絵文書や遺跡の碑銘があることは述べてきた。アステカ文明についても「メンドサ絵文書」、「ボルボン絵文書」、「ボルジア絵文書」、「フィレンツェ絵文書」などが史料になっている。また、宣教師の残した古文書もある。なかでもベルナルディノ・デ・サアグン（一四九九／一五〇〇―一五九〇）の『ヌエバ・エスパーニャ事物全史』は複数の先住民から同一のテーマで情報収集し、信憑《しんぴょう》性の高いものだけを記録した貴重な文献と言われている。その他にも、ディエゴ・ドゥラン（一五三七？―八八）『ヌエバ・エスパーニャとティエラ・フィルメ諸島の新大陸史』や、アコスタ（一五四〇―一六〇〇）『新大陸自然文化史』など宣教師による記録もある。

　それらの史料によれば、アステカ人も農耕と宗教が結びついていた暦を使っていた。トナルポワリという二〇の絵文字と一三の数字を組み合わせた二六〇日の祭式暦と、シウポワリという三六五日の太陽暦の二つを併用していた。太陽暦は二〇日からなる一八ヵ月と、ネモンテミ（余りを意味する）という五日間からなり、ネモンテミは宗教生活も世俗的な活動も控える不吉な日であった。それぞれの月にはいけにえをともなう祭祀《さいし》が行われていた。農作物の豊穣を祈り、宇宙創造神話にもとづき宇宙秩序を維持するために人間の血を捧《ささ》げる、人身供犠という儀式であった。

　この二つの暦の第一日が再びかみ合うのは、最小公倍数の一万八九八〇日（五二年目）となり、アステカ人はこの五二年を一周期、または一世紀として、十干十二支の還暦のように考えていた。

太陽の石（アステカカレンダー）

（メキシコ国立人類学博物館蔵。撮影・大井邦明）

アステカ人の宇宙観では宇宙はすでに四回創造・破壊されていて、彼らの生きていた時代は五番目の宇宙となっていた。五二年周期で創造と破壊をともなうという考え方は「太陽の石」（アステカカレンダー）という彫刻に克明に表されている。

現代の私たちはこのいけにえの儀式を、単なる残酷物語として嫌悪感を抱いてしまいがちであるが、これはメキシコの古代文明を考えるときいつでも突き当たる問題である。アステカ人は、非科学的で迷信に傾倒するのが夥《おびただ》しいとも言えるが、当時生きていくうえでは不安も多く、それから解放してほしいという願望もあった。そのため、神々に捧げる大きな犠牲として人身供犠を強要していたのかもしれない。私たちも、なにか願い事や願掛けをするときは一種の苦行をしても、その風習は別に不自然と思わない。

人々は人身供犠をする前に、幻覚を生じるキノコを食べていた。終わると、物の分別をなくすキノコを食べたことも知られている。ラテンアメリカに豊富にある薬草とともに、こんな幻覚性を生じさせるキノコも新大陸起源の植物である。

コルテスのメキシコ征服

アステカ帝国は一五二一年に滅亡したが、圧倒的な武力を持ち、アステカ帝国と敵対していた先住民をとりこんだスペイン軍の勢力の優位さ、さらにコルテスの巧みな戦略を考えれば帝国の降伏は避けられなかった。

アステカ帝国を壊滅させようとしたコルテス軍は総勢一〇万人にのぼった。アステカ帝国は周辺先住民に過酷な税を課して服従させていたので帝国の圧政に呻吟《しんぎん》していた周辺諸民族も、スペイン軍に加わったのでコルテス勢は大軍となったのである。さらに、アステカ帝国に従属しながらも常に独立を企てようとしていたトラスカラ人などが、過酷な納税制度に耐えられず攻略最終時期に帝国に反旗をひるがえしたことも、スペイン人と先住民の混成連合軍が膨大な数になった原因である。

スペイン人到来時の先住民の貢納台帳が絵文書に残されている。当時のアステカ帝国の都の人口は二〇万人と推定されているが、この人口を扶養する食料や衣料等の基本物資から、宝石などの奢侈品《しゃしひん》やカカオや金などの貴重財まで、人力による陸上輸送で平均一五〇キロメートル（片道五日間の行程）の距離から納入されていたことがわかる。貢納体制は整備され、肥大する需要に応えるために厳しい管理下にあった。

また、新大陸にスペイン軍兵士が到来したことにより、それまで存在しなかった疫病がもたらされた。ヨーロッパからの疾病に先住民は免疫がなかったため、短期間に流行した病原菌にアステカ帝国の多くの戦士は感染してしまい、犠牲者が出たことも戦力の低下につながったようだ。とくに、天然痘による死者はすこぶる多かったと言う。さらに、前述した循環史観に影響されたアステカ帝国のモクテスマ二世が戦意を喪失したことも、敗北を招いた原因から排除できない。

三ヵ月に及ぶ湖上の都テノチティトランの包囲戦でも降伏しなかったため、都に入城したスペイン軍はアステカ人を三万人も大虐殺したと言われている。

アステカ帝国の滅亡でメキシコの先住民の文化と民族の本質がすっかり消えたとは言えない。むしろ、スペインによる古代文明の征服によって、そのあとにメスティソという人種が誕生したことや、ヨーロッパ文化が新大陸に伝播され先住民の文化と融合してラテンアメリカ独特の文化圏を創造したことは無視できない。先住民の固有の言語と風習も現在まで継続している。征服をすべて否定的な視点から判断するか、征服は旧大陸と新大陸の二つの文化圏の融合だと考えるか、この点にさまざまな意見があるのは当然である。

第二章　搾取と布教の時代

植民地のしくみ

大航海時代

一四〇〇年頃から一六五〇年頃まで、ヨーロッパ人の海洋航海者が未知の大陸や地域に到達し、その地を領有した時期は「大航海時代」と呼ばれる。地球上の地勢がよりよく判明したことから「地理上の発見」の時代とも呼ばれている。

コロンブスはじめ征服者に資金援助をしたのは、イタリアのヴェネツィアやジェノヴァ出身の金融業者で、スペインをはじめとする各国の国王は諸費用を負担した私的事業者の航海者と協定を結んで事業に許可を与えただけであった。王権は、発見され征服した土地の主権が法的に国家にあることを征服者に承認させたうえで、新大陸で得た富すなわち、植民地で発見される財宝および略奪した貴金属については同行した王室官吏が記録し、そのキント（五分の一）相当分を帝国に上納させる協定を結んだ。このように大航海時代に植民地獲得に奮闘したのは、船舶、乗組員、食料などを調達した私企業システムを貫いた人たちだった。帝国自ら計画を立て領土を拡大する準備をしていた君主国はなかったと言われている。個人が果たした寄与と引き換えに、国家がその人物に特定の権益を授与したことになる。

大航海時代には人間、栽培植物、動物、商品など多岐にわたる品目が世界的規模で流通した。一四九二年に新大陸に到達したコロンブス、一四九八年のインド航路の開拓者ヴァスコ・ダ・ガマ、一五一九年に世界周航に出帆したマゼランなど指導的立場の航海者は例外なく、スペインやポルトガルの君主に仕えていたので、アフリカ、アジア、新大陸におけるイベリア半島両国の勢力の拡大には目をみはるものがあった。

大航海時代はポルトガルによるモロッコのセウタ占領（一四一五年）から始まり、スペインとポルトガルの独占的植民地拡張競合時代をへて、イギリスが航海条例を発布した一六五一年頃には、イベリア半島の両国に代わりイギリス、オランダ、フランスなどが海外植民地の拡大を図る新時代に入った。一六五五年にはイギリス人はそれまでスペイン領だったジャマイカを占領する。

メキシコは一五二一年からスペイン帝国の支配下に入り、一八二一年までヌエバ・エスパーニャ（新スペイン）副王領と呼ばれる植民地となった。この時代はスペイン人が先住民を使役し新大陸で生み出した富を搾取したが、同時に先住民にキリスト教を布教した時代と言える。かくして搾取と布教は、スペイン支配が駆動するための両輪となった。

副王領

スペイン国王の権限を植民地で代行したのが本国から派遣された権力者、副王（初代副王メンドサの派遣は一五三五年、全六二代）で、その管轄した領域が副王領であった。一六、一七世紀には新大陸の副王領はヌエバ・エスパーニャ副王領と一五四三年に設置されたペルー副王領の二つしかなかった。一七一七年にボゴタを首都とするヌエバ・グラナダと一七七六年にはブエノスアイレスを首都とするリオ・デ・ラ・プラタ副王領が創設された。

一六世紀になって、スペイン人が主導した商業、農牧業、鉱山業は発達して利益を生み出したが、スペインの影響を受けても植民地はただちに経済や社会が急激に変化したわけではない。経済活動の基盤であった農業は独立戦争が開始する時期まで大きな変化はなかった。

ただ、牧草地の拡大を招いたので大地の自然風景は変化した。また、一七七〇年頃からスペインと植民地との海運業の発展にともなう造船業がさかんになるにつれて多くの森林が船材用に伐採され、植民地の環境破壊が進んだと言われている。

先住民人口の減少

征服後しばらくすると、スペイン人がもたらした流行病、とくに天然痘と麻疹《はしか》が免疫を持たない先住民のあいだに蔓延《まんえん》して多くの死者が出たことと、強制労働に使役された先住民の犠牲者が多数出たことで死亡率は高くなった。植民地史の研究者が先住民の納税記録を統計的に比較研究した結果、人口減少が判明している。もともとスペイン人は先住民の人口推移に関心は薄く、疫病問題についても詳しい記録が乏しかった。スペイン人は先住民と異なる地域に移住したため、先住民の苦しみに気づかなかったからである。

人口減少の推移をみると、スペイン人に征服される前の先住民の人口は二五〇〇万人と推定されている。一五一九年から二一年の征服戦争の時期と、疫病が流行した一五三〇年から三一年に死者がふえ、チフスが流行した一五七五年には約二〇〇万人の死者が出て大幅な人口減少が見られたので、一六世紀末にはなんと先住民の人口は一〇〇万人にまで減少したようである。急減した先住民に代わり、労働力としてアフリカ黒人奴隷が一七世紀半ばまでに約一二万人導入されていた。堂々たる体軀《たいく》は先住民よりも鉱山労働に適していた。副王領の人口は一七三五年頃まで増加の傾向をたどっていくが、一七三五年から三七年にかけて流行したペストの災禍で一〇〇万人もの先住民の死者が出たと推定されている。その後副王領全体としては一八世紀後半から一九世紀にかけて人口は増加の一途をたどり、六〇〇万人まで飛躍的に増加した。第五二代副王レビヤヒヘド伯爵（一七八九－九四）のときに主要都市で衛生施設が改善されたり、死者の埋葬を墓地に限ったり、死者の衣服の焼却、隔離病院を設置するなどの対策がとられたからである。しかし、メキシコが独立を達成した一八二一年には一一年にも及んだ独立戦争のためか人口増加も止まった。

一九世紀はじめには、人口約六〇〇万人の一パーセントにあたる六万人がペニンスラール（スペイン本国人。ペニンスラは「半島」の意味でイベリア半島出身の人々）で、それまでのスペインからの移住者の第二世代にあたるクリオージョ（スペイン人の両親から植民地で生まれた白人）は、全人口の一六パーセントに相当する一〇〇万人になった。人口の六〇パーセントは先住民で、二〇パーセントはメスティソ（先住民と白人系の人との混血）でその半数近くは都市に流入していた。残りは黒人とムラート（先住民と黒人との混血）で、亜熱帯地域や鉱山地帯に居住していた。

征服の時代に新大陸に来たスペイン人は、探検家、兵士、官吏や宣教師が主だったが、その後、移住者がふえた。一六世紀半ばにすでに約一五万人の移住者がいた。植民地時代を通じて副王領に渡ってきたスペイン人の総数は三〇万人を超えたことはないと考えられているが、圧倒的に男性で、女性はそのうちわずか六パーセントだという記録もある。そのため白人と先住民の混血化が進んだと考えられる。

一六世紀と一七世紀に植民地に来た人はスペイン南部アンダルシア出身者が多く、一八世紀になるとスペイン北部とバスク系の人やスペイン北西部ガリシア出身者が主となった。とくにバスク系の姓名は特徴的なので出身地を明らかに物語っている。一八世紀のメキシコシティの人口は一〇万人を超え、プエブラ市には七万人、グアナファトに五万人、グアダラハラに二万人が住んでいた。

統治体制の変化

副王領でのスペイン人による支配体制が、植民地統治開始から約三〇〇年間ずっと、一枚岩のようにゆるぎない制度を貫徹していたわけではない。宗主国の植民地政策も時代の推移とともに変化し、植民地の被支配階層に生じた格差や、階層別の勢力差異が顕在化してきたからだ。

征服当初は新大陸で征服者が特権と権益をほしいままに支配していたが、神聖ローマ帝国皇帝マクシミリアン一世の子フェリペ一世と、スペインのフェルナンドとイサベル（カトリック両王）の王女ファーナと結婚していたことにより始まったハプスブルク朝スペインのカルロス一世（在位一五一六－五六）やフェリペ二世（在位一五五六－九八）、さらにカルロス二世（在位一六六五－一七〇〇）のあと始まったブルボン朝スペインのカルロス三世（在位一七五九－八八）が王位に就く時代になると、スペイン帝国の植民地政策を実施するために政治的、社会的、経済的にさまざまな変革が断行された。

それでも一八一〇年の独立戦争開始の五〇年前から六〇年前頃には、スペイン人と植民地で勢力を蓄えた被支配者との間で確執が先鋭化してきた。これは、独立戦争への気運が高まってきたことを物語っている。さらにスペインは一七九六年から対外戦争、とくに一八〇四年一二月一二日から始まった対イギリスとの戦費調達を目的にした緊急の強制徴収税を実施するため、植民地に債券（王室借用債券）を購入させ、同年一二月二六日の勅令で債券を長期負債として組み替え、現実的には兌換《だかん》停止に踏み切った。一七九八年にも前例があったが、このたびは副王領全域に適用されたので、植民地経済を疲弊させる結果を招いた。これが、植民地が独立戦争に踏み込む原因の一つになった。

エンコミエンダ制

植民地がどのように統治されていたのか、そのしくみを知るにはエンコミエンダ制（委託統治）について考えなければならない。エンコミエンダ制は、それほどハプスブルク朝スペイン初期における海外植民地支配体制の根幹をなしていた。

スペイン帝国は新大陸でのスペイン人の定住推進策として、先住民をエンコメンダール(「預ける」の意)する、エンコミエンダ制を一五〇三年に導入している。かつて、イスラム教徒が八世紀からイベリア半島各地を占拠しはじめたときに、キリスト教徒は失地の回復をめざして長い国土再征服戦争(レコンキスタ)を始めた。このレコンキスタは一四九二年にカトリック両王(フェルナンド王とイサベル女王)がスペイン南部のイスラム帝国の都グラナダを陥落させ、終了したが、その過程で、国土再征服戦争で戦い、軍功のあった騎士にイスラム教徒から奪還した地域を委託した制度がエンコミエンダである。この制度を植民地でも取り入れた。

スペイン本国ではエンコミエンダ制を実施したことにより新たな封建領主になる者もあったので、植民地ではその弊害を避けるために土地の所有権は譲渡せず、征服者の功績に応じて征服した土地の一定数の先住民とその首長を集落ごとに委託した。こうしてスペイン人エンコメンデロ(「エンコミエンダを受託された者」の意)は数十人から数千人の先住民を支配した。同時に、先住民の保護と技術教育をし、キリスト教へ改宗教育をほどこす義務を負った。

エンコメンデロは、先住民に賦役(貢納と労働力の提供)を課したが、このうち労役だけはインディアス枢機会議により一五四二年に廃止されることになった。鉱山労働のため徴用され家族から引き離された場合は、先住民社会の変容と破壊を招きかねなかったからである。ピサロによって征服されたペルーの植民地では、ポトシ銀山（現在はボリビア国領）が一五四五年に発見された。ここでのミタ労働（輪番制強制労働制度）で先住民が命を落としてゆく惨状についてドミニコ会士が一五五〇年にカルロス五世に宛《あ》てた書簡のなかに次のような記述がある。「かれこれ四年になるでしょうか。地獄の入り口に大勢の人間が入ってゆきます。これらの人々はスペイン人の強欲の犠牲となり、スペイン人の神に捧げられるのです。その入り口とはポトシという名の銀山です」

エンコミエンダ制は世襲制ではなく取り消し可能な恩賜であったが、受託者の強い要望でなし崩し的に継続される場合が多かった。実質的には先住民から税の徴収と労働力を収奪する機構であった。

第一章で述べたように先住民にとって支配者の圧政に耐え納税義務を果たすことは征服以前から行われていたが、植民地時代になると征服以前と異なる支配者に猜疑心と不信感を抱いた先住民は、スペイン人から身を守るために新たな仮面を拵《こしら》える必要があった。

先住民保護運動

植民地支配体制を管轄するため一五二四年にセビリアに、インディアス（当時の新大陸の呼称）枢機会議が創設されて、先住民保護政策と労働条件の妥当性を審議するようになった。スペイン植民地の初期の統治制度エンコミエンダ制は制度としてあまりにも搾取的であった。王権が一定地域の先住民に関する権利を私人に信託した制度であったが、先住民を酷使したりするような弊害が生じてきた。

エンコミエンダ制をめぐっては、征服後まもなく一五一二年に制定された新大陸統治に関するブルゴス法で先住民の奴隷化を禁止しているが、さらに一五四二年に発布されたインディアス新法は、征服功労者が先住民に課す貢納と労役を撤廃、もしくは制限してエンコミエンダ制そのものを段階的に廃止するように向かった。だが事実上廃止されたのは一七一八年で、ユカタン半島では一七八五年まで存続していた。

スペインは排他的な植民地政策への批判をかわすため、その打開策として新大陸の行政管理体制を検閲する権限を持ち、司法権と租税の徴収、教会の監督など広範囲にわたる行政権を担う機構、アウディエンシア（聴聞院）を一五二八年に設置していた。アウディエンシアはスペイン人相互の訴訟問題や、先住民のスペイン人に対する苦情処理の仲介役も果たした。

一五三〇年の勅令により一六世紀半ばからは徐々にエンコミエンダ制に代わり、コレヒミエント（地方代官領）とアルカルディア・マヨール（地方の郡部領）に小分割する行政区分方式を採用した。そこではコレヒドールやアルカルデ・マヨールという王室直轄地官吏が租税の徴収にあたるようになったが、この代官職はしばしば住民を圧制したり、汚職や腐敗を生んだりする原因ともなった。このとき、インディアス枢機会議は植民地の先住民は隷属民ではなく、スペイン王室に直属している臣民として治められるべきことを確認している。これでエンコミエンダ制による先住民の虐待と強制労働による人口の急減に対処できるはずであった。

この頃は、植民地や本国の修道士と知識人が人道主義的な立場から、先住民保護運動を始めた時期にあたる。とくにラス・カサス神父のスペイン植民地政策を糾弾した訴状は知られている。

ラス・カサス神父

バルトロメ・デ・ラス・カサス（一四八四―一五六六）は一五〇二年、一七歳のときにはじめて新大陸に渡り、スペインと新大陸の間を三回往来している。三〇年も現地に留《とど》まったドミニコ会の修道士であった。一五〇七年に神父に叙任されると、搾取と布教という植民地政策の両輪の片方を担っていった。彼はエンコメンデロになった時期もあったので、本国の植民地政策を批判することは難しい立場にあったのだが、ヨーロッパを主体とした人類と歴史の体系こそ普遍価値だとする原理的思想にとりつかれて征服を正当化したスペインの政策を、非人道的であると告発するようになった。一連の著作を発表して先住民保護政策を展開したこの思想的転換期は、ラス・カサスの「発心」と言われている。コロンブスが新大陸を「発見」した五〇年後に書いた『インディアスの破壊についての簡潔な報告』をはじめその後の著述『インディアス史』と『インディアス自然史』はスペイン以外の国々によってスペインの植民地政策を攻撃する政治的手段にも利用されたが、植民地で抑圧された人々の立場に目を向けさせたことは明らかであった。なによりも、ラス・カサスはスペインの植民地政策を批判することによって、早くも一六世紀に世界史のヨーロッパ中心史観の構想を根源的に批判していた。スペインとポルトガルに次いで、近代ヨーロッパ諸国やアメリカ合衆国や二〇世紀の日本なども特定のイデオロギーで侵略などを展開した歴史的現実をみれば、この告発は単なる歴史的事実だけに留まらず、「人類史批判と同義である」と石原保徳氏は『インディアスの発見——ラス・カサスを読む』のなかで述べている。

〝黒い伝説〟

スペインとポルトガルは、両国以外のヨーロッパの国々から、両国はどうして排他的権利を主張して新大陸を領有したのか、どうしてスペイン人は先住民を凌辱《りょうじょく》し富を略奪しているのか、その根拠を明らかにするように求められた。一五五二年にセビリアで出版されたラス・カサス『インディアスの破壊についての簡潔な報告』にもとづいた、スペイン支配の不当性と野蛮性を糾弾するプロパガンダが当時すでにヨーロッパに広く流布していた。イギリスのリチャード・ハクルートは一五八四年に『西方植民地論』を書き、そのなかでラス・カサスの前掲書の一部を引用していた。もともとこれらのプロパガンダは、イタリア人がスペイン人に抱いた反感から発しており、スペインの宗教的不寛容や先住民に対する残虐性を攻撃した反スペイン・キャンペーンであった。スペインの新大陸征服と支配の不当性を提訴した国際問題と言えるが、植民地拡張政策を打ち出した後発国の自己主張とも考えられる。これに対して、スペイン人たちは、自らの残虐性は作られた伝説（黒い伝説）であるとし、反発した。

スペイン、ポルトガル両国にとって領有権を正当化する根拠は一四九四年のトルデシジャス条約にあった。教皇庁が仲介したこの条約は、ポルトガルとスペインが分担して、新大陸とアジアの人々をカトリックに改宗させる目的で締結された。世界を二分する分割線をヴェルデ岬諸島の西方三七〇レグア（一レグアは約五・六キロメートル）の地点に引いた。この地点の西方に位置する大陸と島の探検はスペインへ任された。このためこの分割線の東にあるブラジルは一五〇〇年にポルトガルの領土に属した。

ただ、布教のためなら「聖なる事業」としてアジアやアフリカや新大陸を征服して、その土地に植民地政策を推し進めることは許されるのか、失地回復をめざしたスペインのレコンキスタの正当性を越えた侵略戦争を擁護することまで許容できるのかが、ここで問題視されたことは言うまでもない。

新興国の攻勢

スペインは一五八八年にイギリスとの海戦で無敵艦隊が敗北した頃から制海権をすでに失っていた。そのため大航海時代が幕を下ろそうとする一六四〇年頃になると大西洋や新大陸やアジアで、ポルトガルとともに維持していた排他的支配は終わり、五〇年代になってオランダやイギリス、フランスが海外進出に攻勢をかけると、カリブ海域や大西洋でこれらの国々は脅威的な存在になった。

教皇庁と緊密な関係を保っていたカトリック・スペインに対して、新大陸を独占的に領有する支配体制は容認できないと主張したイギリスやフランス、かつてスペインに支配されていて一六四八年に独立したオランダを中心とするプロテスタント諸国が反発したとも考えられるが、エンコミエンダ制について歴史学者チャールズ・ギブソン（『イスパノアメリカ——植民地時代』染田秀藤訳）の説明に耳を傾けてみよう。

実は海外進出した後発国も領土拡大の一翼をになう民間人を新大陸へ派遣し、スペインのエンコミエンダ制と似た征服功労者に報いる制度があった。「イギリスのプロプライターシップ、オランダのパトルーンシップ、フランスのシーニャリィ、ポルトガルのカピタニアで、スペインのエンコミエンダ制との類似性が認められる」。ただ、イギリス、フランス、オランダ、ポルトガルは植民地開拓者を現地に派遣する必要があったが、スペインが征服した地域はその必要性がなかった。スペイン人が植民した土地、メキシコやペルーに代表される地域にはすでに先住民がいて文明が存在していた。他国と違いスペインにとっては、遭遇した先住民をいかに支配するか、征服功労者にどんな方法で先住民を委託するかが大きな問題であった。そのため、スペインの植民地政策の一環であったエンコミエンダ制が、人道主義の立場から糾弾されたのである。

たしかに、エンコミエンダ制は不規則、無規制、きわめて搾取的であったにちがいないが、スペインの植民地ではアフリカ黒人の奴隷化は慣行となっていたため、先住民を奴隷化する実用性とその合法性がいたるところで当然視されていたことも無視できない。

副王領の拡大

行政権を握り植民地の権力者として国王の全権を代行する立場の副王は一八二一年まで派遣されていた。さらに本国から各地域に派遣されて租税査定などの問題を監査していた巡察

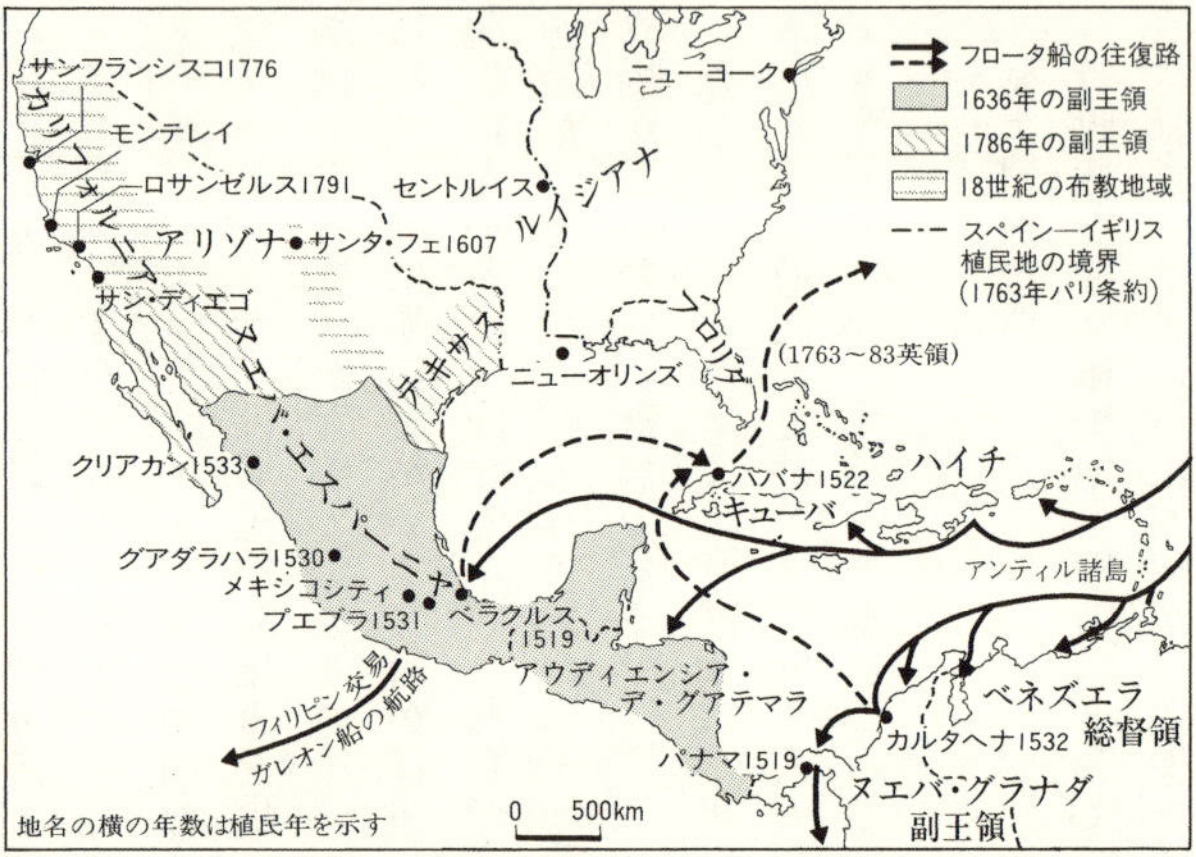

ヌエバ・エスパーニャ副王領

使（ビシタドール）も存在した。スペインは常に法律と制度は完備していたが、その実効的成果は期待どおりではなかったようである。

　さらに、改革の時代と言われた一八世紀を代表するカルロス三世によって導入された「インテンデンシア制」（地方行政長官制度）は、フランスの行政機構をスペインに取り入れたもので、キューバでこの新制度を試行したのち、一七八六年に副王領で税収入と統治機構の効率化を目的として行政改革制度を導入した。メキシコではインテンデンテ（地方行政長官）と呼ばれたスペインから派遣された官吏により、それまでの植民地を管轄していた地方代官領コレヒミエントや、郡部地区アルカルディア・マヨールを統括して、一二の管轄領と辺境地帯を四軍管轄領に分割した。

ヌエバ・エスパーニャ副王領もコルテスが占拠した当時と比べると、その後領土ははるかに拡張されていた。一六世紀中ごろには、すでにメキシコ北部、今日のソノラ州、シナロア州、さらには現在のアメリカ合衆国との国境地帯まで及んでいて、南部も、ユカタン半島から現在のグアテマラ共和国を含む広大な地域を占めていた。しかし、植民地末期になると、あまりにも広範囲な領土を長期間にわたり統治することは困難になった。とくに辺境地域には守備隊と宣教師、それにわずかの入植者が定住していたぐらいで、スペインは植民地活動を展開する状況では決してなかった。

副王領の時代

精神面の征服

フランス人ロベール・リカールは一九三三年初版の『メキシコの精神面の征服』で、スペイン人はキリスト教世界の文明と文化は普遍的な伝統であると確信し、植民地の先住民にキリスト教を布教して人々の意識と社会を変化させようと導いたが、このことは武力で威嚇した征服戦争と対をなす「精神面の征服」だと考えた。異文化圏と接する場合は、対象を同化してしまうのか異化扱いするのかが問題になるが、スペイン人は植民地社会をスペイン化す

植民地時代に建造された教会の内部（プエブラ市の大聖堂）（*Historia de México*, Salvat）

るような再編成を断行したのである。はやくも、一五〇八年にスペイン国王はローマ教皇庁から新大陸における宗教保護権（司祭の叙任権と扶養の義務、教会活動の監督権）を獲得していたので、新大陸におけるカトリック教会の世俗面は王権に従属していた。

　まずはじめに、一五二三年から托鉢《たくはつ》修道会と呼ばれたフランシスコ会、ドミニコ会とアウグスティヌス会の聖職者が新大陸で布教活動を始めた。托鉢修道会とは、それまでのベネディクト修道会などが、本来の観想生活から逸脱して一部の有力信者と結びつき民衆から隔絶した世俗化風潮に堕落していると批判して、新たに一三世紀はじめにヨーロッパで清貧の精神と使徒的宣教を主務とする信仰生活をめざした托鉢（乞食《こつじき》）修道士が活躍していた修道会の総称である。

メキシコではフランシスコ会はメキシコ中央部とミチョアカン地方、ドミニコ会はオアハカ地方でミシュテカ人やサポテカ人への布教、アウグスティヌス会は他の修道会に占められていた地域を避けて、プエブラ地方やミチョアカン地方の一部で宣教活動をした。各修道会が活躍していた地域では、スペインの建築様式の建物や城郭風建築の教会、養護施設、学校などが建設され、土木工事が行われた。これらは先住民の意識をくみ取り地域社会にとけこもうとした司祭が活躍したあかしである。かつて先住民の宗教施設や社会集団として権威を保っていた居住地域「カルプーリ」（ナワトル語でカリは「住居群」の意）は消滅していく。

先住民の特権階級の子弟を対象にする教育機関「カルメカック」が設けられ、そこでは官僚と司祭養成の役目を担っていた。さらに、平民の子弟の学校「テルポクカリ」などもあった。中庭に野外礼拝堂（アトリウム）のある独特な教会が建築され、先住民の洗礼もスペインではすでに忘れられていた古来の浸水洗礼、体ごと聖水につかる様式を復活させた地域もあった。現在でもメキシコシティの旧市街地には、人々から慕われていた当時の宣教師の名前にちなむガンテ通りやモトリニア通りが、一七世紀に支倉常長《はせくらつねなが》使節一行が立ち寄ったと言われるフランシスコ教会付近に存在している。

布教の第一期に、托鉢修道会は各地で先住民の教育と改宗活動をしたが、先住民の資質を認めて先住民の司祭を養成し、先住民同士の司牧活動を期待していた。メキシコシティのトラテロルコ学院では有能な先住民にはラテン語教育をしていた。この時期は宗教書も先住民の諸言語に翻訳され、宣教師も先住民の居住する地域の言語を学習して先住民世界をヨーロッパに知らせるべく、現代風に言えば文化人類学的な記録をスペイン語に翻訳した。サアグンの『ヌエバ・エスパーニャ事物全史』もこの時期に編纂《へんさん》されている。

イエズス会の追放

スペイン王権の権威が強まった一六世紀半ばになると、各修道会はそれまでの独自の布教活動に代わって、司牧活動を国家の計画に従い組織的に展開することを余儀なくされた。先住民の言語をスペイン語化することが優先されはじめ、人々の表現形態も効果的な視聴覚的布教手段を用いたスペイン化が顕著になった。教育はスペイン人の建てた修道院に附属する学校、ミッションスクールがとって代わって、布教は明確に征服事業の両輪の一方の役目を果たすようになった。土着宗教の根絶や教会が教える教義を守るために一五七一年にメキシコシティに異端審問所が設置され、一八二〇年まで植民地で先住民の精神的管理に介入していた。

一五七二年にはイエズス会が、托鉢修道会がまだ布教していない地域、とくにメキシコ北部を中心に宣教活動をするためメキシコに派遣されてきた。急速な布教活動と世俗的な業務にも勢力を伸ばしたため、イエズス会は植民地の啓蒙《けいもう》教育に成果を残した反面、動産と不動産を信者の寄進で急速に獲得し、貨幣流通が充分でない地域では金融業者の代わりまでするほど世俗的勢力も拡大していた。そのため、植民地末期に王権を強化して行政改革を推進していた当局によって、スペインの王権と植民地政策にそぐわないとの理由で一七六七年に植民地から追放されている。スペインは世俗権力に関して王権に勝る権威はないのだとする政策を堅持したからである。

植民地の経済

植民地経済を大きく支えたのが鉱山業であった。一五四六年には銀や鉛を産出するメキシコ北西部のサカテカス鉱山が発見され、その後グアナファト、サン・ルイス・ポトシ銀鉱山も採掘が始まった。その地域内の遊牧民チチメカ人はスペイン副王軍と武力衝突をして平定されている。さらに鉱山労働者として、メキシコ中部のメシカ人をはじめオトミー人、トラスカラ人、プレペチャ人を定住地から強制的に移住させて黒人奴隷とともに使役していた。

一六世紀は征服の世紀であったが、一七世紀は副王領の経済発展の時期であった。農業、繊維業、鉱山業と通商がさかんになった。農産物の生産基地としてアシエンダ（封建的大農園）が出現し、強化された。

古文書に見る技術の伝来　スペイン人が機織りの技術を伝えている（*Historia de México*）

エンコミエンダ制が衰退し、王権が税収入増加の補完措置として土地を売却しはじめると、植民地で財力を蓄えたスペイン人はそれを購入して広大な土地と労働者を確保したアシエンダ経営を生産様式として取り入れた。なかには地域の標高差を利用して冷涼地にできる作物から熱帯地の作物まで栽培し、年間を通じて安定した収入を得るような経営方針を立て、固定的な労働力と農産物の市場を確保した大農場もあった。農産物の消費者は、主にトウモロコシを常食とする先住民相手ではなく、都市に住むスペイン人、クリオージョやメスティソ、それに食料を生産する手段のない鉱山労働者であった。灌漑《かんがい》設備を整え、生産に必要な農地のほかに、山地から牧場まで有する広大なアシエンダは、単一作物にたよらない生産基地となった。アシエンダの農業労働者は低賃金の雇用方式でしばられ、農園主は労働者とその家族まで逗留《とうりゅう》させて労働者の散在を防ぎ、なかには隷属的な債務労働者（ペオン）も含まれていた。

独占交易体制

スペインはメキシコとペルーなどの副王領間の通商やスペイン以外の国々との交易を国是として禁止していたので、植民地は本国と直接交易しなければならなかった。年に一航海しかしない武装された国営船団方式（フロータとガレオン）による国営貿易方式のため、植民地に陸揚げされる商品は一方的に高価に設定され、さらにメキシコからスペインへの帰路の航海は、積み荷の貨幣や貴金属などを狙《ねら》う海賊船や略奪船がカリブ海域や大西洋に横行したのでスペインを大いに悩ませた。

繊維産業も植民地内で製造することは禁止されていたので、植民地で発展しなかった。しかし、持ち込まれる品物はスペイン製高級繊維が主だったため、先住民が消費するラシャや織物をつくる繊維工場は植民地でさかえた。

フェリペ二世の時代にかねてからスペインの夢であった太平洋を経由するアジア貿易を実現するため、一五七一年にはフィリピンを占領しマニラに初代総督レガスピを送っている。一七世紀になるとアカプルコとマニラとの間でガレオン船交易がさかんになり、東洋から絹製品や陶器などが副王領に入ってきた。

こんな遭遇もあった。一六〇九年にマニラの臨時総督ロドリゴ・デ・ビベロがアカプルコ

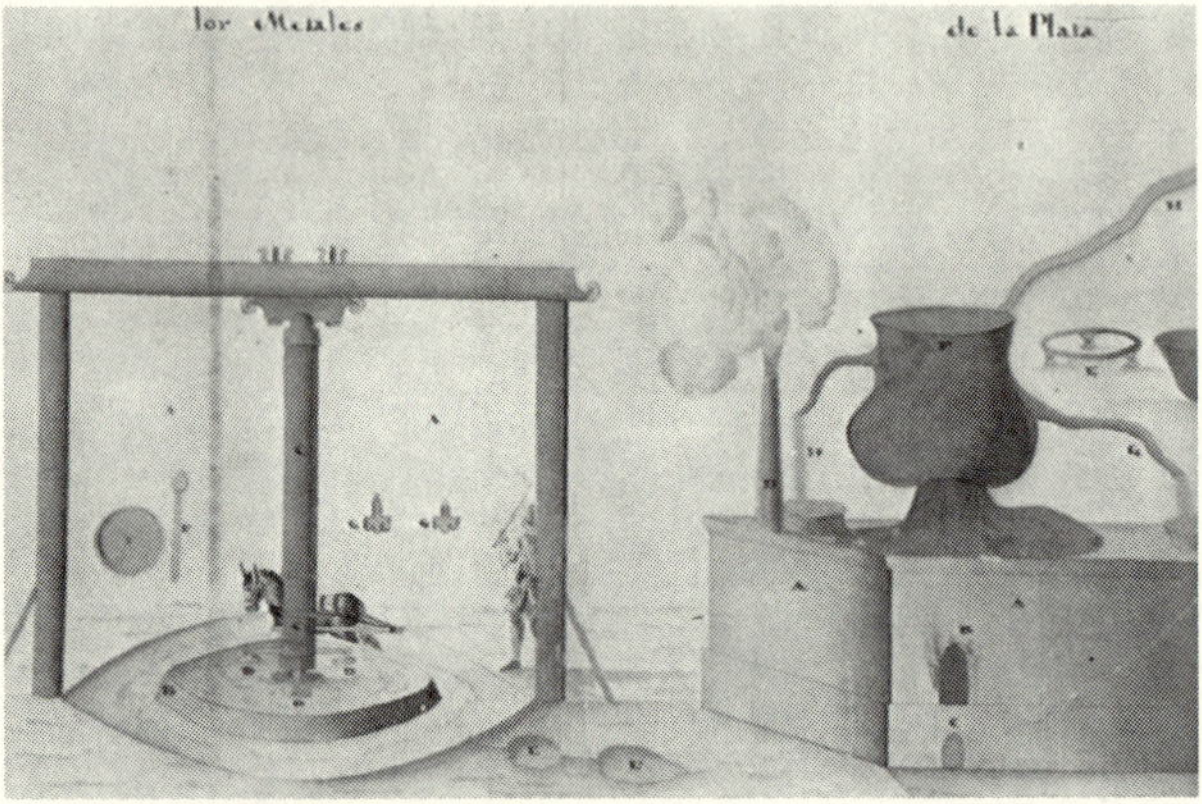

金銀の精錬法　鉱石を熔解して馬を使って精錬している
(*Historia de México*)

に帰還するとき、暴風雨に襲われ、乗船したサン・フランシスコ号は難破して現在の千葉県に漂着した。一行は約一年間日本に滞在し、江戸城で徳川秀忠に、駿府《すんぷ》で大御所家康に会っている。

植民地と本国間の交易は、スペインでも当初はセビリア港に限定され、その後はカディス港にも認められるようになったものの、通商は限られた積出港と限定された供給先でスペイン人による通商独占が続いた。反面、セビリアやカディスにはヨーロッパ各地から積み荷が陸揚げされていたので、植民地にもスペイン産の商品以外の外国製品も持ち込まれていたようである。

一七世紀のメキシコ

一七世紀になると鉱山業はやや停滞期に入る

が、それでもタスコ、サクアルパンなどメキシコ南部の鉱山に加えて、さらに北部のドゥランゴ、チワワなど新しい鉱脈が発見され銀の生産は依然として続いていた。メキシコではアマルガム法による銀の精錬に不可欠な水銀は輸入しなければならなかったため、ポトシ銀山のように水銀を産出した地域と比較すると、銀精錬費用の高騰を招いたと言われている。

このように一七世紀に植民地の経済構造は確立し発展した。大西洋交易の中心地はベラクルス港となり、太平洋岸の商品流通基地はアカプルコ港となった。商品の集積中心地と商業活動はメキシコシティに集約され、経済活動のみならずその後の副王領の首都としてメキシコシティは重要性を増していった。

植民地時代の生活と文化に影響を与えたものとして、すでに一五五三年に創設された神学・法学・医学を教授する王立メキシコ大学があげられる。また、一七世紀半ばからヨーロッパ文明に融合して植民地で培養された文化の発展は、文学でも、バロック時代の教会音楽でも、建築でも顕著になった。知識人のなかでも数学者のシグエンサ・イ・ゴンゴラや、詩作に秀でていたファナ・イネス・デ・ラ・クルス修道女（一六五一？―九五）はよく知られている。一七八〇年代にはサン・カルロス美術学院が創設され、文化学芸の開明期であった。

植民地の危機

植民地の一八世紀

一七〇〇年にハプスブルク朝（アブスブルゴ朝）のカルロス二世が死亡したため、フランス王ルイ一四世の孫がスペイン王フェリペ五世として即位する。こうして始まったブルボン朝スペインは、変革の時代であった。メキシコがスペイン植民地として統治されてからおよそ一八〇〇年が経過していた。

フランスと同盟したことはさまざまな結果をもたらした。一七五六年から六三年の「七年戦争」に巻き込まれたからである。イギリスの支援を受けたプロイセンと、フランスとロシアが同盟したオーストリアとの間で戦争が始まると、各同盟国間で植民地争奪戦争が起こり、中立の立場であったスペインも六一年から参戦したため、軍事費の出費は国庫を枯渇させるほどになった。さらに六二年にはイギリス海軍がキューバのハバナ港を占領したことはスペイン副王領軍に領土保全のために緊迫感を与えた。七年戦争の結末は六三年のパリ条約であるが、勝利したイギリスの優位が決まるとスペイン領フロリダ半島地帯はイギリスに割譲させられ、北アメリカ大陸やカリブ海域へのイギリスの進出が決定的になった。また、ロシアもアラスカ方面からカリフォルニア地方に南下して太平洋に進出する機会をうかがいはじめた。

カルロス三世の改革

七年戦争の敗北を受けて植民地の改革（ブルボン改革）が行われることになる。それまでにも有能な副王などが輩出して、植民地末期の副王領の統治を立て直すために寄与したことは忘れてはならない。

とくに七年戦争のあとに、スペインの植民地経営を充実させる目的で植民地に派遣され、行政改革と現地視察をした巡察使ホセ・デ・ガルベス（滞在一七六五―七一）や副王フランシスコ・クロア（在任一七六六―七一）や副王アントニオ・マリア・デ・ブカレリ（在任一七七一―七九）などの優秀な人材に恵まれた。カルロス三世が植民地で一七八六年に断行した行政改革制度「インテンデンシア」は、独立後に国土を州単位に形成する行政区域の基礎となった。巡察使ホセ・デ・ガルベスはこの時期にタバコ税の徴税方法に新たな改革を断行した。タバコの生産を、民間人に委託していた生産方式から国営生産方式に改め専売制にすると、税収入は鉱山業に次ぐ植民地における重要な産業となった。インテンデンシア制の成功を見ることなしにカルロス三世は一七八八年に亡くなった。ガルベスは本国に戻るとインディアス省長官になり一〇年後の八六年に亡くなり、諸改革は期待どおりの成果を得られなかった。反対に、植民地末期にスペインから独立しようとする運動は、植民地経済の拡大を背景にして富と発言力を増したクリオージョ階級を中心にして高まり、虎視眈々、その準備に怠りなかった。

一七七〇年代から経済は大きく発展したが、その背景には人口増加があった。人口は一七四二年の三三〇万人から一八一〇年には六一〇万人と二倍となり、農村部に住む先住民の人口増加が顕著であった一七七〇年代の人口分布は、一六歳以下の若年層が大半を占めた。平均寿命は白人の場合五五歳から五八歳で、先住民や黒人はそれよりずっと短かった。国土も倍増して面積は四〇〇万平方キロメートルに及んだので、スペイン海外植民地では最大の副王領となった。国民総生産は六倍になっていたと言う。鉱山業の生産額は一六七〇年の三三〇万ペソから一七五〇年には一三七〇万ペソ、一八〇四年には二七〇〇万ペソと増加した。この頃のメキシコの銀生産高は世界の半分を占めていた。

交易もベラクルス港を出航した船舶数が一七四〇年に二二二隻であったのに対して、一七九〇年には一五〇〇隻に増加しているが、依然としてスペイン人と一部クリオージョがその利益を独占的に享受していた。植民地時代を通じて航海と貿易管理と移民に関する法令運用は、一五〇三年にセビリアに設置された通商院が監督官庁であったが、一七七八年には、貿易が自由化され、九〇年通商院も廃止された。

いっぽうクリオージョが経営していたアシエンダの農業生産物、麦、サトウキビ、タバコや、新たな商品コーヒー豆などは着実に増産と作付けに改良が加えられたが、もっぱら先住民の共有地で耕作されていたトウモロコシや、醸造酒プルケ酒や蒸留酒テキーラをつくる竜舌蘭《りゅうぜつらん》（マゲイ）の栽培はあまり改良や増産は見られなかった。ドイツ人博物学者で旅行家のアレクサンダー・フォン・フンボルトが一八〇三年にヌエバ・エスパーニャ副王領を旅して、その著書に「世界でも富裕な地域の一つだ」と記録したのはこの頃のメキシコである。

独立前夜のメキシコ

一七七六年にイギリス領アメリカは独立した。一七八六年はメキシコの大飢饉《だいききん》の年で人心が乱れ、一七八九年のフランス革命は少なからず植民地にも自由主義精神が鼓舞されるという影響を及ぼし、スペインの専制政治に反発するクリオージョ階級に独立戦争へ目を向けさせることとなった。一七九三年にはグアダラハラでクリオージョによる独立の陰謀が発覚し、一七九四年と九九年にはメキシコシティで副王への謀反があった。

しかしクリオージョ階層は決して一枚岩のように利害を共通していた階層ではなかった。スペイン人と利益を共有し、連携することで地位と利益保全を優先した階層と、独立戦争を企てた場合、代価を犠牲にしてもスペインの専制政治を打倒したほうが有利であると判断していた階層とに区別されていた。このことは第三章で述べるが、これがクリオージョ階層が独立戦争に慎重になった背景である。もとよりメスティソ階層がスペインからの独立を強く求めていたことは明白であるが、先住民の生き様は植民地の変革など想定することさえできない状態であった。

破壊的な独立戦争が始まる寸前の植民地は、このような利害が複雑にからむ階層社会であった。いつ、誰が、どのように、独立戦争の火ぶたを切るか、それを知るにはそれほど時間はかからなかった。

第三章　独立記念日

独立戦争の鐘

一八一〇年九月一六日

一九世紀を代表するメキシコの保守主義者ルーカス・アラマン（一七九二―一八五三）は、スペイン語圏を「木」だとすれば、その木の「幹」はスペイン、「枝」は海外植民地で、枝の一角を占めるのがメキシコだと考えていた。そして、メキシコがスペインから独立しても、継承してきた遺産をかなぐり捨てればその枝は枯れてしまうと断言していた。スペインの遺産の継承を強調していたのは保守派と呼ばれる人たちであった。アラマンもまたスペイン植民地時代の遺産を否定した独立国はありえないと言っていたのである。

ルーカス・アラマン　保守派を代表する知識人と本人署名 (Foto Clío)

一八一〇年九月一六日、ミゲル・イダルゴ神父（一七五三－一八一一）が扇動して開始された独立戦争は、スペインの支配とスペイン人の圧制を打倒する闘争、いわば「幹」を切りすてるものであった。最終的にメキシコは一八二一年に独立を達成するが、アラマンによると一八一〇年から独立するまでの闘争期間はメキシコ史の「失われた一〇年」になる。

現在、一八一〇年九月一六日はメキシコのナショナル・デーで、メキシコにとって最も大事な祝祭日となっている。メキシコ本国では当日、大統領は国立宮殿で、州知事は州政庁で、「イダルゴ万歳」、「モレーロス万歳」、「独立万歳」、「メヒコ万歳」と叫び、広場に参集した群衆も「ビバ・メヒコ」と応えてこの国最大の祭日を祝う。この国の在外公館でも当日は名士を招いて大きな祝宴が毎年開催される。「メヒコ」とは耳慣れない言葉かもしれないが、スペイン語でメキシコのことで、第一章で述べたように先住民の言葉「メシコ（メシカ人の地）」に由来する。スペイン語が使われるようになるとMEJICOと綴《つづ》られていた。その後、現在のようにMEXICOと表記されるようになったが、発音だけはいまだにJI［xi］を踏襲している。

ではどうして、アラマンがあれほど批判していた、イダルゴが口火を切った独立戦争開始日が、メキシコにとって大事な記念日となったのだろうか。

独立戦争が終結して一九世紀の半ばになると、保守派と改革派が対立して三年間も続いた内戦、レフォルマ（改革）戦争が始まった。今日、首都にはこの戦争の意義を称《たた》えたレフォルマ通りがある。自由主義者はその内戦で勝利すると、それまで国の指導者層であった保守主義者の考え方を徹底的に糾弾した。さらに勢いづいた自由主義者は、一八一〇年に始まった独立戦争を策謀したイダルゴたちインスルヘンテス（反乱徒）を擁護する論陣を張る。レフォルマ通りとならぶ首都の幹線道路、反乱徒を顕彰するインスルヘンテス通りは、このようにしてメキシコシティの目抜き通りとなった。

このとき以降、アラマンの考え方は否定されて、今度はスペインの植民地時代がメキシコ史にとり「不毛の時代」となった。国史から抹消すべき時代だと主張する歴史観が浸透してゆく。メキシコ人はスペイン人によって三世紀のあいだ不当に支配され、それを打破した闘争は聖戦であったと国中で確認することになった。この考えは現在でも通用している。

離脱と独立との違い

ところが、イダルゴが始めたメキシコ独立戦争は、スペイン植民地からの「離脱」ではあるものの、自由主義者が主張するようにスペインからの「独立」とは断言できない側面がある。ここにメキシコの独立戦争を理解するための核心が隠されている。

一八一〇年の独立戦争は、革命ではなく、独立するための闘争にすぎなかった。というのは、独立には必ず革命がともなうが、「革命」という言葉はフランス革命などのように、一定の歴史認識、権力者の交代と社会制度の変化を意味する。ところが、一八一〇年の独立戦争の首謀者イダルゴを中心とした同時代の自由主義者が用いた「革命」という言葉には、本来の社会変革という意味を含んでいなかった。単に社会を転覆させる意味しかなかった。スペイン人を追放したあと、社会のしくみをどのように変革させるかを見通すことまで、イダルゴの考えは及ばなかった。イダルゴの「革命」は、スペイン海外植民地でクリオージョが抱いていたスペイン人に対する屈辱感を爆発させただけである。

「クリオージョ」とは、単純化して言えば、両親はスペイン人だが、出生地にあたる本籍が植民地で、そこで生まれたスペイン系白人をさす。クリオージョは植民地時代を通じて常にスペイン人に代わって新大陸の土地を自らの手で統治したいと望んでいた。しかし出生地の違いによる大きな差別があった。植民地時代、スペイン人は「ペニンスラール（イベリア半島出身者）」と呼ばれた。そのことだけでクリオージョとペニンスラールとの間にはいろいろな面で実に大きな特権上の差別が生じた。

一八世紀末の植民地の人口は約六〇〇万ないし七〇〇万人だと言われている。三〇〇万ないし四〇〇万人の先住民と、およそ二〇〇万人のメスティソがいた。メスティソとは先住民とスペイン系白人との混血で、現在、私たちが普通にメキシコ人と呼ぶのは、この国の大部分の国民層を構成しているメスティソたちである。全人口の一パーセントを占め、わずか六万人にすぎないペニンスラールが、身分上の特権、すなわち官僚機構をはじめ、政治的、経済的、軍事的、宗教的な権限を独占していた。その頃から植民地の人口の約二〇パーセントを占め、実権を握る約一三〇万人のクリオージョ階級は、宗主国のペニンスラールに屈辱感を強く抱き、この耐えがたい事態をくつがえす時機をうかがっていた。一言で言えば権力者の交代を待っていた。

クリオージョであったイダルゴも、ペニンスラール支配の不当性を非難し、スペインの支配からまず脱却して新大陸統治の支配権を回復する独立革命の機会を待ち望んでいたが、その先の社会の変革には考えが及ばなかった。

その頃ちょうど、スペインは一八〇八年から一四年までナポレオン軍に国土を侵略されていた。

炎の男イダルゴ

メキシコ壁画の巨匠ホセ・クレメンテ・オロスコが描いた「自由の闘争」と題する雄大な天井画は、メキシコ第二の都市、グアダラハラ市のハリスコ州政庁にある。熔鉱炉《ようこうろ》のなかの灼熱《しゃくねつ》した鉄のような真っ赤な顔をしている司祭の顔は、見る人を圧倒する。この司祭こそ一八一〇年に始まったメキシコ独立戦争の首謀者イダルゴだった。九月一六日、イダルゴによる独立戦争の呼びかけに呼応したのは、先住民をはじめとするスペインの圧政に苦しむグアナファト州ドローレス村（スペイン語で「悲嘆」の意）の群衆だった。イダルゴは先住民に檄《げき》を飛ばした。

「自分の帰属しない国に、そして、祖国の子である先住民に、スペイン人は多大な損害を与え、長きにわたり冷酷に支配した。この国を、彼らから奪い取る戦争を仕掛けるのだ」。壮絶な宣戦布告であった。

この「ドローレスの叫び」の日こそ、現在、メキシコ国の独立記念日であり、イダルゴが教会でついた同じ鐘を毎年、メキシコ大統領が国立宮殿で九月一五日の深夜、一六日への日付変更時刻前に打ち鳴らし、「ビバ・メヒコ（メキシコ万歳）」と叫んでいるのである。

メキシコをスペインから独立させようとしたイダルゴは、ルター派に近い異端者だと中傷されていた。イダルゴはラシーヌや、宗教的偽善を激しく批判したので当時フランスでも上演禁止になった『タルチュフ』の喜劇で知られるモリエールなど、一七世紀の翻訳作品に親しんでいた。ラ・フォンテーヌを愛読し、ラモーの曲をバイオリンで演奏していた。司祭館

ミゲル・イダルゴ神父　メキシコ独立戦争の指導者（Foto Clío）

は、さながら小さな知的サロンで芸術を愛する場所でもあったと言われている。教会史のみならず、一般の歴史書にも興味を示していたイダルゴは、とくに「摂理説」の信奉者ボシュエ（一六二七―一七〇四）に強く魅《ひ》かれ、政治関係の知識は交友関係のあったアバッド・イ・ケイポ司教がよく引用していたモンテスキューの思想ではなく、一六世紀スペインのスコラ学派のビトリア（一四八三―一五四六）や一七世紀スペインのスコラ哲学者の考え方を学んだ。とくにフランシスコ・スアレス（一五四八―一六一七）の考えに大きな影響を受け、圧政的な支配を批判しているルソー以前のこの論理は、一八〇八年九月のメキシコ市参事会のクリオージョによる、独立戦争の論理的な基盤にもなっていた。

副王のクーデター

メキシコ独立の気運は、実はイダルゴが蜂起する二年前の一八〇八年にすでに生まれていた。その年、ナポレオン一世（一七六九―一八二一）はスペインに侵攻したが、マドリードの市民はフランス軍と勇敢に戦った。プラド美術館にあるゴヤの「五月二日」と題する名画に、戦う市民の様子が生き生きと描写されている。フランスがスペインを占拠すると、国王フェリペ四世はスペインとフランスとの国境の町バイヨンヌに幽閉され、フランスは嫡子フェルナンドに強制的に帝位を譲位させた。この新しいスペイン国王がフェルナンド七世で、この王もその地に幽閉されていたため、スペインは一八〇八年から一四年までの間、国王不在の事態が生じた。この期間を生かしてアルゼンチンをはじめ多くのスペイン植民地はメキシコより早く独立してしまった。

本国が外国軍に占領されたと知ったメキシコでは、一八〇八年九月にクリオージョが議席を独占する首都のカビルド（市参事会）の参事数名が、スペイン国王が不在で宗主国がフランスに占拠されている状況では植民地までも侵略されかねないと危機感を表明した。これは独立を正当化するための口実であったので、参事会は、スペインの一一世紀のアルフォンソ一〇世賢王当時の『七部法典』を引用した。「国王は国民の声を委託される形で統治権を保持する。国王が不在になれば、国民は国王の特権と権利を補完するため、法的にそれをすべて継承できる」。この考えに従って当時のイトゥリガライ副王（在任一八〇三―〇八）自身も、もしメキシコが独立すれば植民地で全権を握

中南米諸国の独立年月日

ハイチ	1804. 1. 1
コロンビア	1810. 7.20
チリ	1810. 9.18
パラグアイ	1811. 5.14
ベネズエラ	1811. 7. 5
アルゼンチン	1816. 7. 9
ペルー	1821. 7.28
メキシコ	1821. 8.24
コスタリカ	1821. 9.15
エルサルバドル	1821. 9.15
グアテマラ	1821. 9.15
ホンジュラス	1821. 9.15
ニカラグア	1821. 9.15
エクアドル	1822. 5.24
ブラジル	1822. 9. 7
ボリビア	1825. 8. 6
ウルグアイ	1825. 8.25

(1804 - 25年に独立した国のみ。ラテンアメリカ協会『中南米諸国便覧』)

ることができる自己の立場に利点を覚え、首都の参事会が企てた合法的な独立戦争を擁護することになった。

メキシコシティのクリオージョにとっては、スペイン人を植民地から追放できるし、植民地の全権が委譲されるかもしれないこの機会は見逃がせない。第二章で述べたスペイン本国が債券の兌換停止に踏み切った経済的打撃を、今後は回避する意図もあった。参事会は副王に本国に対するクーデターを企てさせて、植民地の独立を試みた。だが、事件は事前に発覚したため、副王は罷免、市参事会の首謀者は逮捕されそのうちの数名は死罪になった。

イダルゴの独立戦争は、それから二年目の蜂起であった。イダルゴはクリオージョ階級の人たちを担ぎだす代わりに、メスティソを支持者に抱え込んだ。

グアダルーペの聖母と群衆

メキシコ人はグアダルーペの聖母への敬愛が非常に深い人々だと知られている。グアダルーペの聖母とは、スペインによるメキシコ征服後からほどなく、一五三一年に改宗まもない先住民フアン・ディエゴにグアダルーペで聖母マリアが出現したという伝承である。グアダルーペは現在もその信仰の中心地となっている。一九四五年には、南北アメリカ大陸の守護聖母として教皇庁から宣言された。

現在でも、メキシコの地方に行くと、グアダルーペの聖母像が家屋の目立つ一角に鎮座している様子を見かけることがある。ちょうど、日本の家屋に見られる神棚のようなものと考えればよい。

『グアダルーペの聖母』を書いた鶴見俊輔《つるみしゅんすけ》は「グアダルーペ聖母という象徴は、この（独立戦争の）反乱が単なる政治運動ではなく、宗教に基礎をもつ運動であることを示すとともに、古来メキシコに住む原住メキシコ人（原文のまま）が参加する運動であったことを示している」と言っている。

グアダルーペの聖母　ラテンアメリカの守護聖母（Foto Clio）

イダルゴとグアダルーペの聖母が結びつくと、メキシコでは向かうところ敵なしになってしまう。

この不思議な国情について、モンテスキューやプルタルコスの著作を読んでいたラテンアメリカのリベルタドール（解放者）、シモン・ボリーバル（一七八三―一八三〇）は、政治と宗教を混同するメキシコ独立戦争独特の考えにさほど驚きを見せなかった。というのは、この点に、メキシコ独立戦争の巧妙な策略を見抜いていたからである。一八一五年に著した『ジャマイカからの手紙』にボリーバルは次のように記している。「メキシコ独立戦争の闘士は、国民の信仰の対象、グアダルーペの聖母にすべての難問解決のよりどころを託して、その祈願実現の旗頭としていた。これで政治的課題の熱狂をことごとく宗教的要素と混淆させ、独立の自由を勝ち取ることにつなげた。メキシコでの聖母に対する敬愛は、我々の想像を越えるものがあり、如何《いか》なる預言者の威光をもしのぐものがあった」

熱血漢の司祭イダルゴは教会の説教で群衆の心を動かし扇動し、ユートピア的独立に駆り立てた。先住民はグアダルーペの聖母像を麦わら帽子に縫いつけ、聖母像はそのまま軍旗になった。スペイン人のいない郷土は天国のような理想郷であると考え、スペイン人をヌエバ・エスパーニャ副王領から追放しようと先住民やメスティソは「くたばれガチュピン！」と口々に叫んだ。ガチュピンとは、スペイン人への蔑称《べっしょう》で、アメリカ人に対するヤンキーにあたる。この叫びこそユートピア実現への合言葉となった。

最終的に、貧弱な武装で規律のない群衆五万人が集結し、先住民は手に手に石ころを持ち、棒切れを担いだり、安物の槍《やり》を片手にしたいでたちの、雑然とした集団を構成した。彼らは裸同然で、空腹で、ぼろ切れをまとい女もともなっていた。その姿は、家族の移動のごとく、見方によれば、あたかもアステカ人を連想させる群衆のようだったと言う。

独立戦争の闘いは、地方都市、山間部、穀倉地帯に及び、各地でスペイン本国の駐留軍、すなわち王党軍と戦闘し、植民地に居住していたスペイン人の財産を略奪した。司祭は群衆が犯す多少の蛮行までも神の意思にかなうのだと言って黙認した。グアダラハラではイダルゴが、モラティンという闘牛士に、スペイン人の一団をサルトの断崖《だんがい》上で剣で一突きにして殺すように命じたほど、残虐な一面があったとされている。また、先住民のなかには彼らが殺戮《さつりく》したスペイン人の遺体を見て、ユダヤ人のように神から見放された人間に生えているという、屈辱的な尾骨が突き出ていないかと、体中を探し回った者もいた。イダルゴはのちに逮捕され、軍事裁判と異端審問を受けたが、このとき、スペイン人の大量殺戮の責任を認め、「そういう場面を見たがっていた先住民や下層階級の者たちを喜ばすためだった」と供述している。

十字架の山の敗北

イダルゴの行軍は短期決戦の間は優勢であったが、独立戦争の勝敗を決めると思われた、首都攻略を目前としたモンテ・デ・ラス・クルセス（十字架の山）の戦いで、八万人は下らない群衆に撤兵命令を下した。あまりにも残虐な作戦を実行したため、イダルゴはクリオージョ階級から支持を失い、武器や軍需品にも欠乏して戦争の継続が難しくなったのである。退却の理由は不詳だが、メキシコシティのスペイン人を新たに殺戮することを避ける意図があったためとも、先住民の犠牲をこれ以上ふやすのを避けたかったのだとも考えられている。この時期から独立戦争は劇的な敗戦につながっていく。

一八一一年七月三〇日、イダルゴは銃殺された。彼は三世紀にわたるスペインの専制政治を批判し、スペイン人が新大陸を隷属させたことが許せなかった。しかし、スペイン君主制の下で教育を受けたクリオージョとして、過去と未来の狭間《はざま》から身動きができず、二つのこと――スペイン人の支配からの解放と君主制の維持――を願うようになり、スペイン国王を慕い、スペイン人の専横を憎む、狂乱じみた仮想の帝国を作り、そこに生きるようになった。二律背反と言える。

異端審問所では司祭の地位を剝奪《はくだつ》され、カトリック教会から破門扱いになった。彼はみせかけの宗教心を持っていたのではないが、罪なき群衆を自分の考えである植民地のユートピア的独立を達成するために戦争へと扇動した責任からは逃れられないというのが、破門の理由だった。だが、イダルゴは破門の決定には断固として応じず、チワワで処刑された。

「メキシコは残酷な国だ」と言ったのは、エンリケ・クラウセで、著書『カウディージョの世紀』(邦訳『メキシコの百年　一八一〇－一九一〇』)のなかで次のように述べている。「イダルゴにまつわる伝説、つまり、『ドローレスの叫び』は今でも、国の尊厳を支えた精神としてメキシコ人に浸透しているが、これは残虐さを正当化するものにほかならない。不寛容を容認するもので、メキシコ史における不条理だ。つまり、暴力が、暴力だけが、唯一、難問を解決する手段だとする恐るべき信条が、その後も幾度となく、この国にくり返されることになる」と警告している。クラウセは、現在でもラテンアメリカに起こる安易な改革の非常手段となっている軍事クーデターや革命を非難している。ラテンアメリカ社会の深層構造だ。あの保守主義者アラマンも、「イダルゴによる恐ろしい革命が、最終的にメキシコ共和国の誕生になったとはなんたる国家か」と嘆いていた。

だがイダルゴによる無謀な独立戦争を非難した歴史家でのちに政治家となったフランシスコ・ブルネスは、イダルゴは、「あの時期に実行可能な唯一の革命を起こした。それはカスタ戦争（被抑圧者階級による解放戦争）とも言えるし、農地改革戦争でもあったし、なによりも聖戦であった」と擁護した。

もう一人のムハンマド

「太鼓腹をして、白いバンダナ（鉢巻き）を巻いている姿をトレードマークにしている人物は誰だ？」とメキシコ人に尋ねると、モレーロスだ、という答えがすぐに返ってくるほど、

ホセ・マリア・モレーロス　メキシコ独立戦争を継続し、アパチンガン憲法を制定した（Foto Clío）

この人のイメージはこの国に定着している。モレーロスはイダルゴとともに紙幣や硬貨の意匠にもなった。

イダルゴは独立戦争の成り行きを見届けずに処刑されたが、彼の後継者でもう一人の「ムハンマド（マホメット）」と言われ、イスラム教徒にひけをとらない勇敢さを称えられた知将ホセ・マリア・モレーロス・イ・パボン（一七六五－一八一五）も実は司祭だった。ラテンアメリカの独立戦争で、その指導者が教会の司祭だったというのはめずらしい。シモン・ボリーバルやサン・マルティンをはじめとする南アメリカ大陸のスペイン海外植民地の独立戦争は、軍人が首謀者だった。

モレーロスもイダルゴと同様、独立を企てたが達成できなかった。しかし、当時、スペイン王党軍司令官でのちに副王になったフェリックス・カジェハ将軍は、植民地において独立の気運が起こったことと、反乱や決起が始まったことには、それなりの正当な原因があったと見抜いていた。一八一一年一月に、カジェハはイダルゴの独立戦争に関する報告書を当時の副王に送付している。「今や、この広大な王国は、存続が危ぶまれている母国の重荷です。住民もスペイン本国人も、宗主国に依存するより、独立した政府を擁立したほうが有利だと考えています。イダルゴの愚かな決起が、こうした考えを基盤として入念に実行されていたら、彼に対する反対勢力はもっと少なかったかもしれないと確信しています」。つまり、副王領の存亡の危機をすでに予見し、イダルゴの独立戦争遂行手段に問題があったと冷徹に分析していた。

クリオージョ階級に属するイダルゴと異なり、メスティソ階級のモレーロスは、植民地の置かれた状況に、より現実的に対処していた。すなわち、イダルゴと比べると下層階級に属していたので、イダルゴが考えたようにスペイン人の植民地支配だけを否定するのではなく、スペイン人による統治形態こそが不当であると判断していた。イダルゴが新大陸所有権の奪還をめざしていたのに対し、モレーロスは平等を強く求めたことになる。

模範的メキシコ人

一八一三年末になると、独立戦争の戦況不利にともないモレーロスのその威勢に翳《かげ》りがみえてきた。植民地駐留スペイン王党軍の士官のアグスティン・デ・イトゥルビデ（一七八三―一八二四）、のちにメキシコの独立を達成する人物だが、その王党軍による反乱軍への反撃が日増しに強まってきたためであった。その年の一二月にイトゥルビデは、モレーロスをバジャドリッド（現モレリア）の戦いで破った。そこは両者の生誕地でもあった。

それまでアメリカ合衆国から差し延べられていた独立反乱軍への援助はこの頃から途切れはじめた。アメリカの外交戦略は、植民地がスペインから独立すれば、新大陸でアメリカの影響力が増大して好都合であると判断し、ヨーロッパ列強がアメリカ大陸に進出してくる機会を阻止する狙いもあった。

しかしこの戦況変化の時期に、モレーロスは皮肉にも彼自身の元補佐官の罠《わな》にはまり、メキシコシティのシウダデラ拘置所に身柄を勾留《こうりゅう》される。

逮捕されたモレーロスは、イダルゴと同様、軍事法廷で反乱軍を率いた事実は認めたものの、異端審問所が下した異端者としての訴状には断固同意しなかった。一九世紀の歴史学者の多くもモレーロスに対する異端者扱いは、妥当でないと言っている。

イダルゴとモレーロスの二人の司祭はともにメキシコの独立を望んでいたが、抱いた理念と独立国家メキシコの姿は異なっていた。イダルゴは、スペイン人を植民地から追放して、「君主国メキシコ」建国を夢みていた。いっぽう、モレーロスは、人種間の平等を実現して、「共和国メキシコ」の建国を望んでいた。彼の綱領を成文化したのが、一八一四年のアパチンガン憲法で、アパチンガンとは一風変わった名前だが、憲法を制定した場所が、メキシコ先住民のナワトル語による現在ゲレロ州の地名だったことに由来する。

独立戦争に参戦したモレーロスは、植民地時代からの先住民の隷属状態と無知と貧困からの解放、先住民と黒人との間に生まれた混血の人たち（ムラート）が宿命的にかかえる屈辱感からの解放と、もう一つ、黒人奴隷についてはその境遇からただちに解放することを宿願としていた。

そのために必要なのは根深い植民地の支配体制の鋳型をこわすことだった。独立戦争に好意的な姿勢を示していたスペイン人の高位聖職者のアバッド・イ・ケイポ司教は「メキシコには、富者と貧者、貴族と極悪人がいて、その中間の人は、存在しない」と語り、第二章で述べたドイツ人博物学者で旅行家のアレクサンダー・フォン・フンボルトも、「メキシコは、不平等な国であって、世界に稀《まれ》なほど富、教養、土地所有、人口分布の不均衡がみられる。皮膚の色が白いか白っぽい人間が社会を牛耳っている。白人が、たとえ裸足で馬に乗っていても、その国では彼を貴族と思えばよい」と記述している。モレーロスはイダルゴと違って、メキシコ全土に平等社会の建設をめざしていた。ナポレオン一世のスペイン侵略のさい、非占領地であったスペイン南部の町カディスに国民議会が召集され憲法制定について議論されたとき、彼は一八一二年憲法に記載されていた人種差別用語である、インディオ、ムラート（先住民と黒人の混血）、メスティソなどの呼称を廃止し、今後の我々をアメリカーノ（新大陸の人間）と平等に呼称しようと主張した。旧約聖書を引用してメキシコ人を「バビロン人の奴隷であったヘブライ人の民」に譬《たと》えたとも伝えられている。一八一二年に、スペイン南部の町カディスで発布された自由主義憲法は、植民地でも一八二一年に再発布された。このときスペインの専制君主制が崩壊し、立憲君主制が始まる。

一九世紀の歴史家は、自由主義者、保守主義者にかかわらず、こぞってモレーロスを評価し、この司祭の冷徹さを称えた。その証拠に、一八六一年にベニート・フアレスが共和国大統領に選出されたとき、大統領はメキシコシティに隣接する州をモレーロス州と命名し、現在も州名として残っている。ナポレオン三世の傀儡《かいらい》政権をメキシコに樹立したマクシミリアン皇帝でさえ、一八六四年にモレーロスの銅像を造らせ、「メキシコの国民性の基礎をつくりあげた人物」だと称賛した。メキシコ革命のあと、フランスに亡命し、国外追放のまま「パリに眠る英雄」となったポルフィリオ・ディアス大統領にいたっては、一八九一年に「モレーロスこそ、祖国の模範的人物である」と宣言していた。

イグアラの変

イトゥルビデのつぶやき

モレーロスは、一八一五年一二月二二日に処刑された。

こうしてスペインから独立を企てた二人のインスルヘンテスの計画は挫折《ざせつ》した。その後メキシコが独立を達成するまで、すなわち、スペイン人を植民地から追放するまで、あと六年間が必要だった。その間スペイン副王の統治は続く。この空白の六年間は、独立達成にこれまでとは異なった手段と、実行方法が熟成されていた期間と考えることができる。威信に満ちた新しい英雄の登場も待望されていた。

いっぽう、副王領政府は独立を企てようとする勢力の警戒も厳重にしていた。

一八二一年に信じがたいことが起こった。

メキシコの独立達成のため本命視されていた革命が断念されて、軍事クーデターが計画されたのである。このクーデターは一一年前にイダルゴが率いた独立戦争とはまったく逆に、短期間に流血を見ることなく整然と展開し、しかも、実を結んだ。

植民地駐留スペイン王党軍将校のアグスティン・デ・イトゥルビデがその中心人物で、彼の指揮下にそれまで独立に反対していた高位聖職者、軍人、商人、専門職の人たちが、イグアラという小さい村で独立達成のための謀議を始めた。これは一八二一年二月二四日の「イグアラの変」と言われている。イダルゴやモレーロスの独立運動に賛同しなかった農村や都市部の有力者階級までが、イトゥルビデの構想と結びついた。

賛同した者のなかにはかつてモレーロスと協力して独立戦争に立ち上がったメスティソで、モレーロスの死後、独立戦争の後継者となった軍人ビセンテ・ゲレロも含まれている。かつての敵同士が手を握った。つまり、敵対している相手を必要とした。歴史家アラマンによれば、一八一五年初頭、イトゥルビデがモレーロスの反乱軍に唯一敗北を喫した日、彼は岩陰に座って、傍らの側近、フィリソラ将軍に向かって語ったことがあった。無意味な流血を嘆き、王党軍の旗の下に戦っている部隊が反乱軍と手を組めば、たやすく独立が達成できるのだと。イダルゴの死後、メキシコの独立達成の可能性を、頭に描いていたのかもしれない。フィリソラが、イトゥルビデの意見にうなずくと、「いつか貴殿に、この話を思い出してもらう日がくるだろう」と述べた。

メキシコ独立

今こそまさに、辱められたクリオージョの名誉回復の願望は、最後の反乱軍戦士ゲレロとの合意を可能にした。一八二一年九月二七日、イトゥルビデ三八歳の誕生日の当日、王党軍と反乱軍から成る「トリガランテ（三つの保障）軍」の一万六〇〇〇人の兵は、メキシコの首都に凱旋《がいせん》した。フンボルトによれば、メキシコシティは「パリやベルリン、サンクトペテルブルクの都市にも見劣りしない高級街」で、赤と黒の火山岩を利用した煉瓦《れんが》造りの町並みは、「宮殿の立ち並ぶ都市」と形容されたほどであったが、そこへはじめて独立軍が抵抗を受けることなく入城した。これこそ、メキシコの独立を決定づける凱旋だった。

「イグアラの変」では独立軍の象徴として三色軍旗が掲げられた。この旗はカトリックに敬愛を表す白、独立を象徴する緑、スペインに思いを寄せた真紅を配し、アステカ人の伝説的なメヒコ・テノチティトラン帝国建国のシンボル、サボテンに止まった鷲が蛇をくわえている紋章がつけられている。この旗はメキシコ国旗の原型となった。あの保守主義者アラマン風に言えば、征服以前の歴史と、三世紀にわたる植民地時代とが和睦《わぼく》し、「幹」と「枝」が和合して新しい国が誕生したことになる。独立戦争をせず、独立が成功したということになる。メキシコの独立はかくして達成された。

迷える皇帝

イトゥルビデとかつての敵将ゲレロとの二人のカウディージョ（権力者）の統一軍は、トリガランテ軍と呼ばれ、すべての社会階層間の結束、国教としてのカトリック教の唯一性、スペインからの完全独立という三つの基本理念を保障する軍隊だった。スペインとの絆《きずな》は切れたのではなく解かれただけだった。保守主義者が非難していた肉親殺しのような独立ではなく、宗教はスペインから伝播されたものを踏襲し、新国家は統治形態として立憲君主制を採択した。

スペインでは一八二〇年から二三年まで立憲君主制がしかれたが、その際、本国から亡命するかもしれないと考えられたフェルナンド七世を、イトゥルビデはメキシコ帝国に迎え入れようとしていた。絶対君主制から立憲君主制へ代わることを承諾しないブルボン王朝の国王をメキシコにむかえたかったのである。それが不可能なら、スペインの数名の王位継承者から候補を探そうとしていた。このことはスペイン副王領最後の副王と独立軍が独立にあたって締結した「コルドバ条約」（一八二一年八月二四日）に記載されている。そのいずれの候補者も即位しないときは、メキシコの帝国議会が任命する者を皇帝とすると決められていた。だが、スペインは王位継承者の派遣を拒否し、メキシコが独立することすら承認しなかった。

ここで、イトゥルビデは自ら皇帝に即位する道を切り開くようになる。

歴史家ロレンソ・デ・サバラは、「イトゥルビデの最大の欠点は、最も重大な状況下に最善の決定を下すことができなかったことである」と述べた。アラマンは、イトゥルビデの政権は、帝国というより「演劇または夢」であったと言った。ただ、イトゥルビデが即位したことは、クリオージョの野心が満たされたことを証明している。

メキシコが独立した翌年の一八二二年五月二一日、イトゥルビデはアグスティン一世として戴冠式《たいかんしき》を挙行した。正統な系譜でない君主の創出であったのでスペインもローマ教皇庁もメキシコの独立を否認し外交関係も断絶した。突如、孤児が抱く孤立感のようなものが、新国家の歴史的誕生に影を落とした。この拒絶を受けてメキシコ国民は正統性を創《つく》り出す打開策を練り、教会と議会がアグスティン・デ・イトゥルビデを、メキシコの立憲君主として選出することにした。

新憲法を起草し、「イグアラの変」の綱領とコルドバ条約に忠節を誓った議会のなかには、「ブルボン派」と呼ばれた親スペイン派が主流派を占めるグループが誕生し、もう一つ、共和主義者の前身であった「スコットランド派」という党派ができた。議会の大多数を占めたブルボン派はイトゥルビデが帝位に就くことに賛成していた。イトゥルビデの戴冠は、「独立解放者をねぎらう」一つの方法でもあったと言われている。

戴冠式はハプニングが続き、皇帝と列席者は、操り人形のようにぎこちなく動き、無意味に試みた劇かパロディーのようであった。国会議長が新皇帝の頭に冠を置くとき、「どうか落ちませんように」と耳打ちすると、イトゥルビデは、「落とさないように私が気をつけるから」と応えたらしい。アラマンは「永きにわたる権威の実践とそれに費やした時間だけが築き得る、君主に対する崇拝と敬意が欠如していた」と風刺した。

アグスティン・デ・イトゥルビデ　メキシコの独立を達成した翌年、アグスティン1世となる（Foto Clio）

イトゥルビデは年老いた失意に満ちた王さながらに、戴冠式のあと嘆いている。「帝国の尊厳とは、金の鎖ほどの強度にすぎず、多大な責務の負担を忍従しなければならない。光輝、権力、威厳と呼ばれるものは、虚栄の具でしかない」。それでも首都では四日間にわたって花火が打ち上げられ、王位継承権のない皇族と侍従、皇子らが任命された。グアダルーペ帝国騎士団勲章も制定され、聖職者と独立戦争の功労者からそれぞれ同数の「メキシコ貴族」も誕生した。

当時メキシコを代表する思想家のフェルナンデス・デ・リサルディは述べている。「イトゥルビデは、自らの勝利を巧みに利用することもできず、奈落《ならく》の底をのぞくために、頂上へ登ることになってしまった」。イトゥルビデは、独立してからメキシコを建国する過程で唯一の選択肢が君主制であると信じたが、そのことは誤りであり、彼の慰めにもならなかった。ラテンアメリカをスペインの植民地から解放し、イトゥルビデ以上に名声と権力を誇っていたシモン・ボリーバルは自己の立場をよく理解しており、南アメリカの植民地を解放したあと、カエサルやナポレオンのような錯覚を抱かないようにした。ボリーバルは短命に終わったメキシコ帝国について述懐していた。

「イトゥルビデは、流れ星のように駆け抜けていった。私は、ミュラのような末路を遂げるのではないかと想像していた」。ジュアシム・ミュラ（一七六七―一八一五）はフランスの軍人で、ナポレオンのイタリア遠征に同行して活躍したあと、ナポリ国王となったが、そのあと反封建的諸改革を断行したことで知られている。ナポリ王国の維持に失敗して、武力抵抗の末、捕虜になり処刑されている。「いずれにせよ、この男は並々ならぬ運命の持ち主である。メキシコが植民地から解放されるために捧げた人生は、国の安定に役立った。率直に言って、イトゥルビデのような平凡な男がメキシコの独立を達成したことに、賛辞を送ることは惜しまない」。シモン・ボリーバルの嘆息の言葉である。

迷走する独立国

アグスティン一世は悲惨な末路をむかえた。最後に議会と対立し追放される。根本的な問題は議会との権力闘争だ。皇帝によって創設された議会は、その権限が皇帝の上位に位置づけられると期待していたので、初日からその権限を行使した。拒否権を発動し、経済振興のための円滑な手続きを妨害し、皇帝による最高裁判所長官の任命も拒んだ。国会議員は新憲法についての議論を先送りにし、秘密結社の集会で陰謀や帝位剝奪を密《ひそ》かに画策しはじめた。

またたく間に、歴史的役割は逆転し、皇帝は権力を分立させ共和政治さながらに統治することになる。思想家バンジャマン・コンスタンは、「立法権がすべてを支配すると有害なもの以外の何ものも生み出さない」と語っている。帝国創設の基礎を明記したイグアラ綱領では、二院制を掲げていたが、議会はこれを軽視し、王権さえも無視した。対外政策においては状況はさらに深刻だった。一八二二年一二月、皇帝は、のちに駐メキシコ初代公使になったアメリカ合衆国政府特使のポインセットと会談するが、その様子を派遣された特使は著書『メキシコ・ノート』のなかで述べている。

「皇帝は、我々と三〇分間歓談した。自ら統治する国の実情は、理想的でないと思っている。軍の司令官、士官、兵士から尊敬されているが、彼らに給料を支払い、権益を与えている間は、帝位に留まるものの、こうした術が底をついたとき、彼らは皇帝を追い出してしまうだろう」。予想どおり、議会は皇帝選出がもともと不備であったという理由で、アグスティン一世を非難し、退位も受理せず、イタリアへ国外追放した。

一八二三年八月、亡命先イタリアのリオルナに着いたイトゥルビデは、『回想録』を書いた。それによると、その年の暮れに神聖同盟加盟国がスペインに加担して、メキシコを侵攻するかもしれない、という知らせが、イトゥルビデの耳に入った。ウィーン会議（一八一五年）終了後、ロシア、オーストリア、プロイセンがパリにおいて結んだこの盟約は、キリスト教を王制的政治秩序の基礎におき、国民国家を志向するブルジョア的変革に対応するために、全ヨーロッパの王制に加盟を呼びかけていた。イギリスは旧スペイン植民地に力で牽制《けんせい》してくるだろうし、アメリカ合衆国のジェームス・モンローは、かのモンロー主義を表明していた頃だった。一八二三年にモンローは、西半球におけるヨーロッパ諸国の勢力拡張に反対し、アメリカ大陸で、自国の優越性を主張する立場を述べ、スペインから独立したラテンアメリカ諸国に干渉して君主制を押しつける神聖同盟に反対した。イトゥルビデにとってみればメキシコが再征服されるのは現実問題に思えた。

彼は資金も底をつき、イギリスに渡りしばらくバースで過ごしている。その間、イトゥルビデの帰国を懇願する一部の支持者からの手紙がメキシコから彼のもとに届いた。南アメリカ大陸の独立戦争で活躍したサン・マルティンはこの状況を知って、彼に帰国を断念させようとしていたが、イトゥルビデは、エルバ島のナポレオンのように、メキシコにおける自分の立場が一八二〇年と同じであるかのように錯覚して、一八二四年、メキシコの土を再び踏めば死刑に処せられることも知らず、家族数人を連れて帰国した。七月、メキシコ湾のソト・ラ・マリナ港に到着するとすぐに逮捕され、タマウリパス州議会に身柄を拘束された。州議会に処分は一任されていたので、州議会が軍事法廷さながらに彼に銃殺刑を宣告し、同年七月一九日に執行してしまった。

第四章　憎き星条旗

サンタ・アナの時代

世界一邪悪な男

一九世紀を代表するメキシコの歴史学者フスト・シエラ（一八四八―一九一二）が「偉大な大衆の扇動者」と呼んだ人物がいた。その人物は、アメリカ合衆国初代駐メキシコ公使ポインセットがメキシコの行方について抱いていた不安がついに現実になった時期に登場した英雄である。イトゥルビデが皇帝に即位した一八二二年からアメリカ合衆国がメキシコに侵攻した一八四七年にかけて、メキシコは絶え間ない騒乱の時代だった。五〇年間の軍事政権に耐えながら連邦制共和国（一八二四―三六年）と中央集権制共和国（一八三六―四七年）に

サンタ・アナ　国土の半分をアメリカ合衆国に割譲した「大衆の扇動者」（1850年）
(Foto Clío)

なり、国土の割譲に悩まされ、一八二四年、四三年、五七年とたてつづけに憲法を三つ発布した。そしてそのたびごとに国を立て直そうとする打開策が打ち出された。それは一九世紀を通じてメキシコに慢性化する、一連のプロヌンシアミエント（軍事クーデター）で、口火を切ったのは、あのイトゥルビデさえ、その人を「火山のような気性の男」と称し、明確な計画や確固たる目的がないままに行動を起こしやすいクリオージョの欠点を備えた人物だと評していた軍人だった。

その軍人とは、アントニオ・ロペス・デ・サンタ・アナ（一七九四―一八七六）である。一八二二年から五五年までのメキシコの歴史は、考えようによればサンタ・アナが起こした革命史だと言われている。

彼は、この時期の国のあらゆる政変の主役を演じている。頭角を現したのは、メキシコ共和国初代大統領となったグアダルーペ・ビクトリア（一七八六―一八四三）と組んでイトゥルビデ、すなわちアグスティン一世を追放した、一八二三年の「カサマタ計画（plan de Casamata）」を策略したときである。

スペイン語の plan は本来「計画」を意味するが、政治的な綱領立案の意味も含んでいる。同時に軍事的な政変・事変にも敷衍《ふえん》されることもある。「乱」と訳したほうがかえってよくわかる場合もある。

「カサマタ計画」の目的は、アグスティン一世本人を糾弾することではなく、皇帝により解散された議会を再招集する政略であった。その議会が、皇帝アグスティン一世をメキシコから追放したのである。それまでに皇帝の側近は次々と辞職し、ついに、彼を見捨て背信行為に走ったのである。

アグスティン一世の帝国が夢となって崩壊した後、独立戦争末期に活躍した軍人のうち二人がともに大統領になった。一人はグアダルーペ・ビクトリア（在任一八二四―二八）で、もう一人はビセンテ・ゲレロ（在任一八二九―三一）である。一八三一年に暗殺されたゲレロが大統領になった年、スペインからメキシコを再征服するため軍隊を派遣するという噂《うわさ》が現実となった。事実、スペイン艦隊はメキシコ湾に侵攻してきた。サンタ・アナにとって幸運と言うべき機会がめぐってきた。彼は、メキシコ湾に面するタマウリパス州タンピコ港に侵攻したスペイン艦隊を見事に撃破したからである。

スペインによるメキシコ再征服を断念させた戦いの指導者は、師団の将軍に昇格し「タンピコの英雄」と呼ばれ、短命な政権についた二人の大統領のあとに一八三三年に大統領に就任した。これはメキシコにとり不幸なことだった。というのはその後、一八五五年まで二〇年間以上断続的にサンタ・アナ政権が続いたからである。サンタ・アナは政治を司《つかさど》ることは得意ではないのに、共和国大統領を一一期務めた。疑いもなくその後、国に動揺を与え混乱を引き起こし、メキシコに不安と混迷をもたらした張本人となったが、不思議なことに失脚するたびに、権力者に戻る機会を巧みに利用した。このため、シモン・ボリーバルから「世界一邪悪な男」と呼ばれていた。ゲレロの死でメキシコは独立運動とその反動のサイクルに終止符を打ったが、帝国にもなりきれず、共和国も建設できなかった。

擬人化された歴史

サンタ・アナの行動はメキシコの時代背景を映し出した。なにより、メキシコの情勢がクリオージョ階層の彼によって擬人化されたと言えるからである。数多い彼の伝記作家の一人は、サンタ・アナは、その日の騒動を追う「国家騒乱のバロメーター」であり、「ロマンティシズムと誇大妄想の妖怪《ようかい》」であったとさえ言った。

サンタ・アナはベラクルス港に勤務していたスペイン政府役人の息子で、典型的なクリオージョであった。クリオージョの共通点として、両親の経済基盤は温存するが自分たちを豊かにしたその家業を引き継ぐことは稀であった。怠慢で、判断と熟慮がともなわなかった。事を始めるのは早かったが、それを実現する手段をあらかじめ準備するようなことは決してなかった。目前の事に情熱を注ぐが事後については無頓着《むとんちゃく》であった。サンタ・アナこそ、クリオージョのイメージにぴったりの人物だった。

「世界一邪悪な男」を民衆はまるでメシアのように拝み、現実主義的で善良な圧制者だと思い込んだ。また、彼自身も偉大な喜劇役者の素質が備わり、しかも、常に誠実であるかのような役柄を演じたと、『メキシコ素描』を書いたアンヘル・カルデロン・デ・ラ・バルカ駐メキシコ初代スペイン公使の夫人は語っていた。

「堂々として見栄えがする。しかし、表情に悲しげな陰がある。片足なので、なにか、身体障害者独特の雰囲気が漂うが、私たちにとってはメキシコの政治家のなかで最も興味をそそられる人物であった。肌は青白く、目は黒く美しく、その眼差《まなざ》しは柔和だが鋭い。表情はとても豊かだ。もし、彼の過去を知らなければ、相応の隠遁《いんとん》生活を送ってきた哲学者か、世界中を放浪した者が、自分のうちにあるものは虚栄心、そして破廉恥な心だけと達観した人のような印象を受ける。ときおり、彼の視線に寂しさが漂うのは、とりわけ、膝(ひざ)から下を切断した脚について語るときで、私が思っていたよりもはるかに上品な英雄であった」

独立国家になってからも、イダルゴの独立戦争が始まってから一一年間続いた戦争のせいで国土は疲弊していた。人々の暮らしは少しも豊かにならなかった。しかも、多くのメキシコ人は、自国の領土、国境、天然資源についての地理的概念が乏しかった。当時の国土面積は現在の二倍にあたる四〇〇万平方キロメートル以上の広大な国土だったものの、ようやく七〇〇〇万人の人口があったにすぎなかった。こうした自然環境とわずかな人口が国の発展に深刻な事態を引き起こしていたことに、誰も気がついていなかった。サンタ・アナはそんな時代のメキシコに君臨したのである。

教会の重圧

メキシコの社会にとって大きな問題は、教会の地位であった。サンタ・アナ政権の頃も、教会の精神的支配力は絶対的で、教会の立場は一九世紀の近代的な社会の潮流に逆行していたにもかかわらず、世俗社会での影響力は衰えていなかった。一例として教会は動産や不動産を有し、各種の貸付や融資を含めた事業を運営管理していたので、国家財産の五分の一を有していたと言われている。メキシコ国内の貨幣流通機構は未整備だったので、資金不足は慢性化していた。教会はあたかも金融機関のような役割を果たしていた。この変則的な事態も徐々に悪化していくことはもはや避けられなかったのである。

サンタ・アナは一八三三年にはじめて大統領に就任すると、副大統領にバレンティン・ゴメス・ファリアスを任命した。サンタ・アナは健康状態を口実に大統領就任式にも出席せず、大統領権限を副大統領に預けていた。当時、保守主義者ルーカス・アラマンと対峙《たいじ》して自由主義者の代表格としてホセ・マリア・ルイス・モラがいたが、副大統領は彼の助言を受けて、植民地時代から誰も手をつけなかった、画期的な教会財産接収法を断行するためにはじめて鉄槌《てっつい》を下すことになった。

それには教会が要求する所得の一〇分の一税に相当する教区教会税の廃止、教会認可の教育機関設置独占法の廃止、教皇庁立大学の廃止などが含まれていた。いずれもそれまでのメキシコにとっては、予想もできない青天の霹靂《へきれき》の措置である。しかし、サンタ・アナは、一八三三年六月の「国民への宣言」を発して、ゴメス・ファリアスの急進的なこの改革案を廃止した。この不可解な決断に対して、モラは『政治雑誌』のなかで、待望の教会組織改革案に反対したサンタ・アナを、「メキシコ文明のアッチラだ」と酷評した。アッチラとは五世紀に東ヨーロッパを支配したフン族の王で、ビザンチン帝国まで支配しようとした恐るべき独裁者である。

しかし、後になってゴメス・ファリアスの改革運動は、教会の地位と運営に重大な影響を与えた教会所有資産を規制する法制化作業に進展していく。この改革は、二つの流れとなった。一つ目の潮流はメキシコ憲法史上の金字塔と言われた、一八五七年憲法の発布である。その憲法に教会を改革する条文が盛り込まれていたからである。二つ目は、伝統を維持することに固執する保守主義者と、古い規制を解放しようとする自由主義者との確執が決定的になり、一八五八年から六一年までの三年間、改革戦争「レフォルマ」が始まったことだった。

一八五七年憲法制定以前に「ファアレス法」(一八五五年)と「レルド法」(一八五六年)という二つの法律が制定された。「ファアレス法」は、後に大統領になるベニート・ファアレス(一八〇六—七二)が立案した法律で聖職者の数々の特権を廃止し、教区教会税を廃止した。また、経済学者ミゲル・レルド・デ・テハダ(一八一二—六九)が起草した「レルド法」とは、収益性の乏しい政府と教会の資産を接収する法律で、農村や都市の大農園や修道院や教会所有の不動産などの永代所有財産が売却、民営化された。

この新しい立法措置は多くの中産階級地主を誕生させる道を開いた。二つの法律は一八五七年憲法の条文に取り込まれている。カトリックを国教と明記しなかった点こそ異なるが、この憲法での宗教尊重の精神は一八二四年憲法から離れたものではなかった。だがこの決断は、当時の司教やローマ教皇庁から当然反発があった。さらに、レルドは、一八五九年七月一二日に公布された「教会財産国有化法」の起草も担当していた。
教会主導のメキシコ人の生活と民事法に劇的な変化が生じたのは、自由主義者モラの後継者メルチョール・オカンポ（一八一四－六一）による五つの改革法で、最初の四項目は一八五九年に、最後の法律は一八六〇年に公布された。

修道女と修道士の還俗《げんぞく》と教会組織の廃止に関する法。
婚姻民事化法。
戸籍および埋葬許可民事化法。
宗教祝祭日の削減および公務員による宗教行事公式参加禁止法。
信教の自由に関する法。

これらはメキシコの社会、宗教、歴史の構造を大きく変革する革新的な法律となった。なお、婚姻民事化法はオカンポの『言行録』として知られ、実に一九八〇年代まですべての民事結婚式で朗読されていた。これは結婚の尊厳については神聖性だけではなく、自然と社会の絆が重要であるという斬新《ざんしん》な考え方を法制化したものである。

米墨戦争

テキサス分離

独立直後の一九世紀半ば、メキシコは、現在の領土面積の二倍にあたる四〇〇万平方キロメートルの広大な領土を有していた。現在のメキシコ領土でも日本の約五倍にあたる。失った半分の地域のなかに、私たちが知っている現在の米国西海岸地帯がある。そこには多くのスペイン語名の都市がある。ロサンゼルス、サンフランシスコ、サクラメント、サンタ・フェ、サン・ディエゴは、日本でも馴染《なじ》み深い。こんなに広大な地を統治するにはわずか七〇〇万人の人口はあまりにも少ないばかりか、国の発展に深刻な事態を引き起こしていた。メキシコの独立を達成したイトゥルビデは、この辺境地域に対する懸念をすでにメキシコ独立当初から抱いていたようで、「将来、帝国の利益となる地域をこれまでの政府は放置してきた」と、国家として地政学的概念が欠如していたことを嘆いたと言われている。外国から侵略される無防備な土地ということになる。

話は少しさかのぼるが、スペインによるメキシコ再征服をサンタ・アナが見事に撃退した一八二九年の一二月に、「ハラパ事変」が起こった。

ハラパ事変でゲレロ大統領が失脚したあと、アナスタシオ・ブスタマンテが一八三一年に大統領に就いた。実はそのゲレロ大統領も前年の大統領選挙で正当に勝利したゴメス・ペドラサ将軍を取り巻きの国会議員が画策して敗北させて、大統領になった人物であった。今度はそのゴメス・ペドラサがブスタマンテ大統領を失脚させ、返り咲いて一八三二年に大統領に就任した。この大統領もわずか三ヵ月政権を担当したが、その後サンタ・アナが登場して、一八三三年に大統領になった。こんなめまぐるしい政権交代があり、混乱に乗じて権力者になったサンタ・アナは、そのあと実に一一回も大統領になる道を歩む。

実際にはメキシコはこの時期に一八二四年憲法の定める国家に成長しているはずであった。ところがメキシコ共和国とそのモデルであるアメリカ合衆国との類似点は形式だけで、連邦レベルにおいても州レベルにおいても、立法府は疑わしい方法で選出された国会議員で構成されていた。また、連邦主義者と中央集権主義者の対立も、表面化していた。この国では、憲法は政治的独立を国内外にアピールする政治的文書にすぎず、実効性はなかったからである。

サンタ・アナが大統領になると、外国からの債権返済時期が迫ってきた。そのたびに債権を新たに組替借款して、完済を延期することに奔走する。いっぽう、合衆国とは国境確定に躍起になる。メキシコはこの地域へのメキシコ人入植者の増加を促進していたが、その効果もなくアグスティン一世の帝国が崩壊したあと、メキシコの国政の絶え間ない混乱に乗じて、ついに一八三六年にテキサス地方がテキサス共和国として独立宣言をする。隣国アメリカがメキシコに揺さぶりをかけてきた時期だった。

テキサス共和国は、大統領にサミュエル・ヒューストンを、副大統領にはテキサス地域はメキシコから分離されるべきだとの信念を持っていたメキシコ人自由主義者ロレンソ・デ・サバラが就任した。彼はメキシコ国籍を剥奪され、メキシコの歴史には売国奴としてその名を留めている。この共和国は周知のとおり、のちにアメリカ合衆国への併合を望むことになる。テキサス地方分離主義者に対抗するため、サンタ・アナは六〇〇〇の兵を従え戦いに臨んだ。一八三六年二―三月、現テキサス州のサン・アントニオの僧院にたてこもったテキサス人の小部隊に、メキシコ軍が圧倒的に勝利した戦いで、この「アラモ砦《とりで》」のメキシコ軍の勝利は、あまりにもよく知られているが、わずか二ヵ月後に情勢は一変した。「サン・ハシントの戦い」でヒューストン軍にサンタ・アナは敗北し、七ヵ月間の捕虜生活を余儀なくされた。自らの釈放を条件にした「ベラスコ条約」がこのとき結ばれて、テキサス共和国の独立を黙認することになる。

グアダルーペ・イダルゴ条約

「落ちた偶像」サンタ・アナに名誉挽回《ばんかい》の機会が訪れた。一八三八年にフランス軍がメキシコ湾に面した港町ベラクルス港を攻撃してきたのである。メキシコ独立戦争期間中に、メキシコ在住フランス人が被った人的、物的損害の補償を請求することが理由であった。サンタ・アナはこのとき、ベラクルス近郊のセンポアラで一兵卒のように戦いながらフランス軍を撃退したが、フランス軍の散弾が炸裂《さくれつ》して左足を失う。このことが「センポアラの英雄」という呼称を生み出した。その後、彼はその勇者の名をほしいままにする。「タンピコの英雄」に次いで二つ目の称号だったが、翌年、フランスと停戦協定を結んだとき、メキシコは相手国に六〇万ペソを支払わなければならない結末となった。

いっぽう、国内では共和国制度についての論議が日ごとに激しくなり、武装蜂起もともない、一八四〇年からは連邦主義者と中央集権主義者が、交互に大統領の席を占めた。アナスタシオ・ブスタマンテ（一八四〇年）、サンタ・アナ（四一年）、ニコラス・ブラボー（四二年）の三人は、交代で大統領に就任することになり、一八四三年には中央集権主義者が起草した「国家基本法」が発布される。その年は、中央集権主義者のサンタ・アナが再び大統領になるが、連邦主義者との抗争は果てしなく続いていく。

ついに議会は一八四五年にサンタ・アナを罷免した。皮肉にもその年、アメリカ合衆国はテキサス共和国を正式に併合することを決めた。そのうえ両国の国境地帯とメキシコ北部と

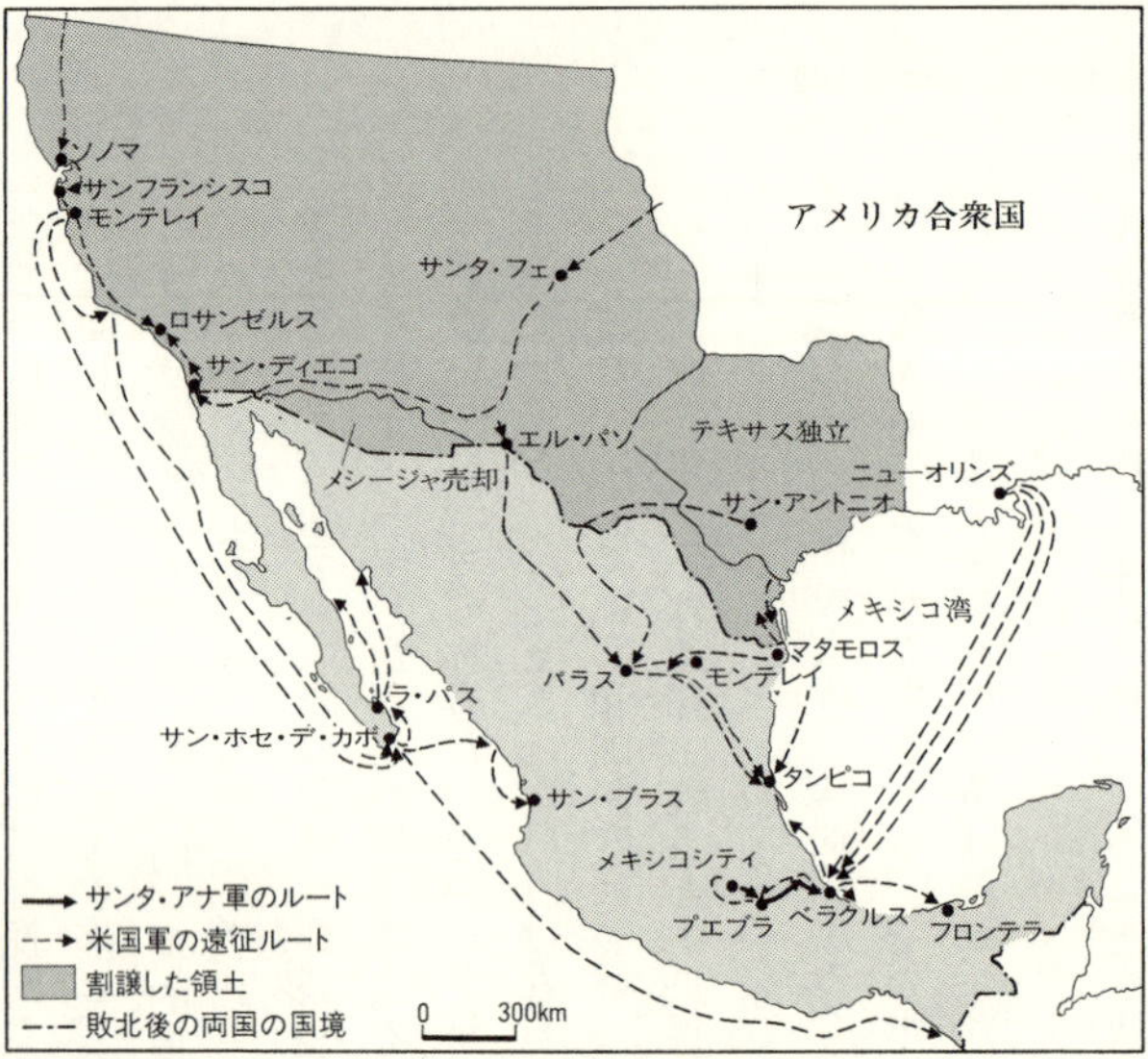

米墨戦争によるメキシコ領土の変化

メキシコ湾の三方面から一斉にアメリカ軍によるメキシコ本土の侵略が始まった。翌年三月にはアメリカ合衆国テイラー将軍が率いる軍隊がメキシコ中央部まで侵略すると、のちに致命的な敗北を喫する米墨戦争が始まった。メキシコシティに侵略してきたアメリカ合衆国軍隊に、不屈の精神で抵抗したのが有名な六名の「英雄少年兵」で、彼らのことはいまだに、メキシコで武勲詩として語り継がれている。チャプルテペック公園にある記念碑には毎年、大統領が記念日に献花している。

この戦争は、歴史が提示し得る最も不当な戦争で、一九世紀の文明の先頭に立とうとするアメリカ合衆国の野心から芽生えた卑劣な侵略行為であると、アラマンから糾弾された侵略戦争だった。このとき、メキシコ議会は一八四六年に、再びサンタ・アナを大統領に任命する。彼は一八二九年にメキシコに侵略したスペイン軍を撃退し、一八三八年にはフランス軍も破っていた。一八四六年にも、メキシコに侵略してきたアメリカ合衆国の軍隊を、サンタ・アナが撃破してくれることをメキシコの人々は期待した。

しかし、ルーカス・アラマンが「憎き星条旗」と言った米国の国旗は、一八四七年九月一四日、メキシコシティの国立宮殿に掲揚された。メキシコは戦いに敗れ、アメリカ合衆国の軍隊が首都に入城した結果であった。

フスト・シエラは、この頃のサンタ・アナを「偉大な大衆の扇動者」と呼び「偉大な喜劇俳優」とも形容して、メキシコ史上特異でグロテスクな人物を浮き彫りにしている。米墨戦争の結果はよく知られているように、自国領土の約半分に相当する国土の割譲を定めた一八四八年二月二日締結の「グアダルーペ・イダルゴ条約」となった。現代のメキシコ人はこの屈辱を忘れていない。

「天国に最も遠く、米国に最も近い国」という名言は戦争のあとの両国関係を物語ったものである。ポルフィリオ・ディアスが言ったという両国の地政学的位置をさす言葉だった。現在でも、メキシコ国民がアメリカ合衆国に対して、一種独特の嫌米感情を抱く背景には、この時期の両国の戦争とその結果として生じた領土喪失が尾をひいている。

また、この戦争の直前、一八四六年一月一日、ユカタン州がメキシコから分離宣言を唱えた。この分離運動は翌年一二月には鎮圧され、四九年八月にユカタン州は連邦政府に帰属するようになったが、この先住民の抵抗は「カスタ戦争」と呼ばれ、熾烈《しれつ》な闘争は形をかえて鎮圧後も長く継続されていく。

読者のなかには、サリナス元メキシコ大統領政権時（一九八八–九四）のチアパス州で、一九九四年一月一日に発生した先住民の暴動を記憶されている人もあると思う。このときには、「（植民地時代に先住民を保護した神父として知られる）バルトロメ・デ・ラス・カサスの声がこだましてくるようだ」と言ったメキシコの小説家カルロス・フエンテスの意見をはじめ、メキシコの知識人が先住民の立場を擁護した論説は注目された。

サンタ・アナは、一一回目の大統領任期中に、屈辱的な終末を招いてしまった。一八五三年一二月に「ラ・メシージャ条約」を結び、米国に両国の国境地帯のメシージャ地域を七〇〇万ペソで売却した。この結果、米墨戦争のあとメキシコは国土面積が半減して二〇〇万平方キロメートルになり、人口はわずかに増加して八〇〇万人となった。このとき、彼の伝記を書き、また国土地図制作者であったアントニオ・ガルシア・クーバスは、自分が注意深く制作した米墨戦争の「前後」の国土地図を広げてサンタ・アナに見せたところ、彼は何も言わずに泣き崩れたと言われている。はじめてこの国が失ったものの大きさを知ったためで、翌五四年、保守派勢力を打倒しない限りメキシコの存続はないと決意した自由主義派勢力が決起した「アユトラの変」でサンタ・アナはついに失脚した。

国歌の曲想

サンタ・アナの時代にはオペラが流行した。多くのイタリア歌劇団はシーズン契約して何ヵ月もメキシコに滞在し、観客の喝采《かっさい》を浴び、政府も援助を惜しまなかった。これらのオペラは一八五四年には、一八二一年から始まった楽観主義の時代を茶化《ちゃか》した風刺的な笑劇になってしまう。喜劇的に、あるいは、悲劇的に映し出された少数派クリオージョの運命を映し出していたのかもしれない。しかし、この時代を生き延びてきたものが一つだけあった。

それは国歌である。三世紀をへてスペインから独立を勝ち取ったメキシコでは、国の精神と歴史を投影した国歌が広く熱望されていた。公募されたが、最終的に、作詞はフランシスコ・ゴンサレス・ボカネグラの作品が選ばれた。彼はメキシコのサン・ルイス・ポトシ生まれで青年期はスペインで過ごしたクリオージョだった。作曲を担当したのはサンタ・アナがキューバから招いたスペイン人のハイメ・ヌノで、軍楽隊指揮者で軍歌の作曲もしていた。曲想は、メキシコ版「ラ・マルセイエーズ」と言えるが、フランスの国歌と比べると歴史の重みに欠ける。この国歌はオペラの舞台上で演奏されるにはよいが、実際は現実の政治、そして、軍事的敗北を隠すものにほかならない。主題は戦争で、歌詞に「戦争」という言葉がはっきり七回くり返されるほかに、戦闘場面を表す同義語が全一〇連のなかに何度も表れている。最近では、サッカーの国際試合のスタジアムで、メキシコチームのために演奏されるこのリズミカルな国歌を耳にした人もあると思われる。

Mexicanos, al grito de guerra
el acero aprestad y el bridón.
Y retiemble en su centro la tierra
al sonoro rugir del cañon.

メキシコ人よ、戦争の雄叫《おたけ》びだ
剣をとり馬を出せ
そして大地を底から揺らせ
大砲の轟《とどろ》きとともに

メキシコ社会の奥底に埋もれていた戦争敗北の絶望観は、歯切れのよい軍歌のような響きの国歌で癒《いや》された。歌詞には砲弾の連射のような、スペイン語の多弾音「rr」が使われている単語が多い。発音は巻き舌で舌先が歯茎に数回震え、軽く弾《はじ》くように息を出す。Guerra（戦争）、Guerrero（戦士）、Horrido（爆音の）、Derrumba（崩壊）、Torrente（血流）などである。墓地、剣、血に染まった軍旗、進軍ラッパ、十字架も歌詞に出てくるが、人物は二人だけである。一人は、「聖なる国旗」と謳《うた》われたメキシコの独立を達成したイトゥルビデで、もう一人はサンタ・アナをさす「センポアラの不滅の英雄」だった。

国歌は一八五四年九月一五日に「サンタ・アナ劇場」で初演奏された。数ヵ月後に「アユトラの変」によりサンタ・アナは退陣したが、その後国外追放となり「センポアラの不滅の英雄」のくだりは公共の場所では歌われなくなった。サンタ・アナは勝利を収めた一八二九年（スペイン軍撃退）や、三八年（フランス軍撃退）に死んでいれば英雄となり、あるいは、敗北した三六年（テキサスでの敗退）や、四七年（米墨戦争の敗退）に死んでいれば殉教者として歴史に残ったことだろう。

疲弊する国家

独立したあと、メキシコは広大な領土の半分を喪失し、巨額の債務を残して国庫は破綻《はたん》に直面した。この状況はあたかも独立戦争のあとの荒廃した国土のようであった。勇敢だった軍は国を守る術をなに一つ残さず解体され、なによりもこの国を特徴づける国民の意欲が失われてしまった。国は青年期のみずみずしさを失い、幼年期から一気に老年期へ進んでしまったのである。

そのうえメキシコは、こうした混乱の発生に一役買い、それに乗じる隣国と国境を接していた。隣国による影響はことのほか痛々しく、メキシコの将来は暗転していく。こうしてみると、「スペイン領アメリカは、それまで享受していたすべての富を売り払って独立を購入したようだ」というシモン・ボリーバルの言葉は説得力があった。対外債務の増加、アメリカ合衆国への賠償金一五〇〇万ペソ、両国の国境線の劇的な変更など、メキシコにとりこれほど致命的な傷跡はなかった。

あちらこちらに松葉杖《まつばづえ》を振りかざして王のように振る舞っていた頃のサンタ・アナは、危険人物と睨《にら》むと、その人物を国外追放刑に処した。そんなサンタ・アナの政治手法に抵抗した二人の州知事がいた。その一人は、当時アメリカ合衆国のニューオリンズへ追いやられていたミチョアカン州のメルチョール・オカンポで、もう一人はオアハカ州のベニート・フアレスだった。この二人は、次の時代を担うメキシコ史の英雄となっていく。

第五章　先住民の勇ましさ

ベニート・ファアレス

オアハカの魅力

メキシコ国内で先住民の生活色が色濃く残っている地域の一つにオアハカ州がある。メキシコ人が心の安らぎを感じる地域かもしれない。

そのオアハカ出身者に二人の英雄がいた。ミシュテカ人の血を引くポルフィリオ・ディアス（一八三〇―一九一五）と、サポテカ人の血を引くベニート・ファアレスで、この二人のメスティソこそ、混乱に陥ったサンタ・アナの時代を克服して、メキシコを改革した人物だった。この二人の英雄が活躍した時期はクリオージョ（植民地で生まれたスペイン系白人）からメスティソ（白人と先住民との混血）へ、時代を担う人種と権力が移行する時期でもあった。それには、流血と内戦がともなった。メスティソは、植民地時代の枠にはまったクリオージョのような人々と違い、もはや、独立戦争の時期に活躍した聖職者でも軍人でもなく、弁護士や医者、技術者などの知識人で、バイロン、ユーゴー、ラマルティーヌを愛読し、メキシコの完全なる自立の達成と、あらゆるスペインの植民地体制からの解放を夢みていた。

メキシコで肖像画のイメージが定着している人物は何人か存在するが、「風に髪をなびかせている老人」と言えば第三章で言及したイダルゴで、また、「太鼓腹で額に白いバンダナを巻いている人物」とは同じく第三章のモレーロスになる。いっぽう「褐色の濃い肌で石でできた神のような風貌《ふうぼう》で、黒っぽい僧服に見える地味な服をまとった男」は、ベニート・フアレスだ。彼こそ、サンタ・アナが失脚したあとから一八七二年に急死するまで、メキシコ史の主人公となった。

メキシコ人の人格を形成する人種区分の一つメスティソには、鋭敏な感受性でスペイン人が残したものを変革しようとしたり、先住民としての生い立ちのルーツに戻ろうとしたりする熱望が強かった。植民地時代に、ほぼ恒常的に姿を見せないスペイン人の父親と、多くの場合「強姦《ごうかん》」（スペイン語では **chingada**）された先住民の母親から生まれた非嫡出子であるメスティソは、何世紀も遅れてメキシコ史に、自分の存在を示す第一歩を踏み出そうとしていた。彼らは米墨戦争に敗北したあとの一八五〇年代に権力への呼びかけを聞き、メスティソの存在を正当に確立する緊急性を自覚した。ちょうど、サンタ・アナ政権が終わろうとする頃と一致している。

先住民の本能

古くから、先住民の気質のどこか片隅に、スペイン人による征服期の悲劇のしこりが刻まれていた。先住民を虐げた大農園主やカシーケ（先住民のボス）から自らの生命だけは救いたいという生殖本能ゆえに、先住民の女性はスペイン人との間に子供をもうけようとした。先住民の多くはこの社会的・歴史的悲劇に直面し、その境遇から逃れたいと願った。

ベニート・フアレスが生まれた地は、メキシコのなかでも先住民の人口が過密なオアハカで、そこは征服者の野心を誘惑する鉱山もなく、メキシコシティからも救いようのないほどの距離によって切り離され、閉鎖的な世界が形成されていた。オアハカ州の州都オアハカは白人すなわちスペイン人が居住する町で、ドミニコ会の布教のおかげで人々の知的水準は際立って高かった。それに対して周辺には数知れない先住民の人種ごとの集落が、モザイクのように点在していた。二〇余りのさまざまな言語が、つまり、二〇余りの異なった国が、唯一、それぞれに取り込んだキリスト教だけでつながり、文明とは別世界の山間部や盆地に散在していた。

その一つがサポテカ人の集落であった。彼らの気質は穏やかで誇り高く、感情をうちに秘める傾向があり、頑固で戦闘好きなミシュテカ人とは対照的であった。幾世紀もたつと、両者は輝かしい先住民の時代の記憶を失っていったが、失ったのは過去の過ぎ去った時代であって、習慣は保持された。呪術を崇拝する習慣、音楽と信仰という二つの慰め、もって生まれた禁欲主義的な性格、苦しみに対する忍耐は、貧困と劣悪な衛生環境のなかの暮らしに浸透していた。この聖地の中心部で一八〇六年に生まれたのがベニート・フアレスだった。

フアレスの生い立ち

サポテカ人の村ゲラタオ近くで生まれたベニート・フアレスは、幼くして両親を失い、叔父の家で羊番をしていた。一二歳になる少し前に、オアハカの州都で家事の下働きとして住み込み生活をしていた姉に刺激され、それまで正しく話せなかったスペイン語を学びたい、そして白人の町へ逃れたいという焦燥感に駆られた。イストラン山脈の寒村ゲラタオとオアハカ州政府所在地オアハカの間には、六〇キロ少しの距離があったが、この「少し」とは、幾世紀にもわたる文明の遅れであった。

フアレスは、最初、スペイン語が話せず、自分たちの言葉の世界にとばりを下ろすように閉じこもっていたと言われている。だが、彼はスペイン語に、混血化に、文明社会に、そして、未来に向かって逃れたいという非常に強い衝動に突き動かされていた人物だった。オアハカでは、姉が料理人として住んでいたスペイン人のアントニオ・マサの家に住んだ。フランシスコ会の修道士が父親代わりとなり、州唯一の学校に通い、メキシコが独立した一八二一年には、ラテン語文法、二四年にはスコラ哲学、そして神学を学んだ。二二歳で聖職者になる決心をしたものの、その後は新設の科学芸術院で法学を学んだ。この道が、ベニート・ファアレスのその後の人生を決定したのである。

この学院は閉鎖的な社会のなかで画期的な学問を習得する教育機関であって、閉鎖的なオアハカでは、反道徳的、反宗教的な「悪《あ》しき」場所として、とくに、多くの母親たちが教育方針に抗議のデモをして、その存在に論議を巻きおこしたほどである。進取の気風と伝統が不思議に入り交じった町の広場には怪しげなフリーメイソン（秘密結社）の集会所があったし、聖職者が創設した学院の教官は敬虔《けいけん》なカトリック信者で、本棚にはスコラ哲学の書物を置いておく必然性を自覚していた。学院は、知的解放や新しい職業や科学のための教育をすることも忘れていなかった。学院は反教会的でもなかったし、神学校と異なる世俗の知的セクターを結成したかっただけで、ベニート・ファアレスはそこで学び、のちに教官となった。

オアハカは、メキシコ共和国となってからも、植民地時代の過去がそっくり残っていた。日々の時を刻むのは、ミサを告げ祈禱《きとう》の時間を早朝から夜明けまで正しく知らせる教会の鐘の音だった。正午には決まって、「お告げの祈り」を唱和できるように、鐘の連打が町の隅々まで鳴り響いていた。オアハカの人々の主な楽しみは、教区ごとのキリストの聖体行列と、その祭礼に出かけることぐらいであった。山岳部に住む先住民も、祭りには松明《たいまつ》を持って町に下りてきていた。この行列の行進には、太鼓や笛の賑《にぎ》やかな音が花を添え、その後ろには、ドミニコ会、アウグスティヌス会、フランシスコ会、カルメル会の修道服に身を包んだ修道士が続き、そのまた後ろには、政府の役人、軍人、そしてたいがい調子はずれの曲を演奏する楽隊が行進していた。物乞い、町の有力者、司祭に兵士、白人に先住民、つまり、教会は、すべての人々を、一つの宗教的集団として結びつけていたのである。

オアハカは修道院の保護のもとに存在していた。そこでは、皆が修道士であり、皆、そうなりたいと思っていた。ベニート・フアレスも最初は例外ではなかった。彼も神の厳格さと、悪魔の遍在におののき、心の奥に深い慈悲の心を持っていたので、聖体行列に参加し教会の鐘の音に従って生活していたと言われている。五〇年前であれば、彼も修道士になっていただろう。しかし、科学芸術院で学んだ者はゆっくりと新しい時代に目覚めていった。

先住民の州知事

一八三〇年代初頭、フアレスはオアハカ市参事会の参事に選出されていた。法律問題の専門家として名声を築きつつあり、一八三三年頃からは州議会議員になり、法律がからむ複雑な案件処理で注目を浴びるようになっていた。その後は、権力を持つ人物に憧《あこが》れを抱き、反連邦主義者の立場からサンタ・アナがはじめて大統領になったときは、彼を支持した。一八四〇年代になると一時、行政から遠ざかり地方裁判所の判事や財務官庁の法律顧問を務めていたが、一八四二年にはオアハカ州政府の官房長に就任した。この頃はサンタ・アナ支持者として知られていた。

ベニート・フアレス　メキシコ建国の父
(Foto Clío)

この頃、彼にとっては自己変革の時期であった。スペイン人アントニオ・マサの私生児、マルガリータと結婚した。白人の血が濃い女性であった。二人の間にもうけた子供たちは――彼にはこの結婚以外から生まれた子供たちもいた――メスティソであるが、この結婚は一つだけ特異な要素を有していた。それは、白人とメスティソの結婚の絶対多数の縁組みに反して、父親が先住民で、母親がスペイン系という、逆の組み合わせで、スペイン人が先住民女性を我がものにしたのではなく、先住民が白人女性を我がものにしたという異例の状況だった。

一八四五年になるとベニート・フアレスは昇進を重ね、州の高等裁判所の判事になり、一八四七年には、州選出の連邦議会の一員としてはじめてメキシコの首都へ向かった。「憎き星条旗」がメキシコの国立宮殿にひるがえった年である。また、サンタ・アナが九度目の大統領に就任する時期にあたっていた。フアレスはサンタ・アナ大統領就任を拒む人たちに対してサンタ・アナを弁護した一人で、一八四七年一〇月二九日にはついにオアハカ州知事代行になった。メキシコ共和国で初めての先住民の血を引く人物が、州知事に任命された。

翌年にサンタ・アナが自分の意に反する州知事を国外追放しはじめたとき、フアレスはその一人であった。米墨戦争敗北の責任を担う大統領がオアハカ州を訪問することを、フアレスが禁じたからだ。追放された米国のニューオリンズでは、サンタ・アナの意に反したとの理由で追放令を受けたミチョアカン州知事のメルチョール・オカンポと運命の出会いが生じる。

メルチョール・オカンポ

オカンポの境遇

オカンポも孤児としてつらい境遇を送った一人である。ファアレスには両親がいたが、オカンポは生涯を通じて誰が両親であるかを知る、最小限の幸せさえ味わうこともなかった。そのため植民地時代にも、そして独立後さえ「捨て子」と呼ばれていた人で、母親によって病院や修道院や民家の戸口に捨てられていたような子供であったと言う。

彼の出自についてはさまざまな説があるがどれも信憑性に欠けている。一八一二年にメキシコシティで出生届が出されているが、オカンポという姓の人の子供だったのかもしれないし、そうでないかもしれない。また、彼のクリスチャンネームが示すとおり、本当に一八一四年四月一六日の霊名の日に生まれたのかも定かではない。正確なことは何もわかっていないが、一九世紀メキシコで最も独創的で観察眼に優れた科学者の一人となった。

オカンポには、一七歳まで自分を励ます男まさりの活力と慈悲の塊のような母親役の女性

メルチョール・オカンポ　ベニート・フアレスと双璧の自由主義派知識人
(Foto Clío)

がいた。古くからあった大農園を相続していたフランシスカ・ハビエラという女性で、その養子となっている。この女性の養女の一人にアナ・マリア・エスコバールと言う若い女性がいたが、彼女とメルチョールは若くして結ばれ、三人の娘をもうけた。養母は、オカンポをバジャドリッドの有名なトリデンティーノ神学校に進学させた。この学校は歴代の校長が、教会学のほかに物理学など経験主義的な学科目や方法論を導入していた。教会法と民法を修め、後に首都に出て教皇立大学で法学を学んでいる。

養母はオカンポが卒業後、法学士になることを見届けず他界したが、彼女は死ぬ間際に大農園を含む全財産の相続人に彼を指名した。時価一二万五〇〇〇ペソであった。また、オカンポは所帯を持ったが、三人の娘には母親の名前を教えただけで、その素性も明かさずバジャドリッドで教育を受けさせ、自分と同じ境遇に置いた。子供は両親や家族とともに暮らすことなく孤児院で育てている。

法学部を卒業してからも、オカンポは法律事務所を開設しなかった。独学で農学を学び、一八三〇年代末はドイツ人アレクサンダー・フォン・フンボルトのような一八世紀末の著名な科学者が踏査したように、メキシコ国内を長期にわたって調査旅行した。大農園経営者のオカンポは、イギリスの経済学者デイヴィッド・リカードを愛読していたほどの読書家であった。先々で訪れる先住民の集落で、宗教と地域経済の関係について多くの意見をまとめ、「教会の一つの聖体顕示台を維持するのがやっとの村に、教会が数多くあったところで何の意味があろうか。どんな礼拝堂にも祝祭日があるため祭りの数は倍増される。そこでは怠惰な生活や飲酒などの習慣を助長するばかりである。司祭たちは何も有益なことをしないまま、布施《ふせ》を受けている始末だ。不幸な先住民はやみくもに財産を教会に献金し、それが大ロウソクや提げ香炉や花火の煙に消えるという浪費をしている」と、先住民が傾倒している教会と、司祭の赤裸々な一面をつぶさに観察していた。

パリのオカンポ

オカンポはヨーロッパへも科学調査旅行に出かけ、一年半かけてフランス、イタリア、スイスを回っている。オカンポは、常にルーカス・アラマンと比較されていた高名な亡命者のホセ・マリア・ルイス・モラと出会い、進歩的な考えをパリで聞く機会があった。フランスで、目の当たりにする近代的な進歩の姿にはもっと興味を示した。

パリで、オカンポはあらゆるものに貪欲《どんよく》な好奇心がそそられた。街角の広告塔、演劇、飽食のフランス料理などもよく観察して辛辣《しんらつ》な批判を加えている。このときに書いた一八四〇年出版の『あるメキシコ人のヨーロッパ旅行』には、彼の文才と機知がいかんなく発揮されている。その一例として次のように書いている。「乗合馬車というのは、分厚いブリキ板でできた車体のようなものをつなげた乗り物で、一車輛《しゃりょう》につき一六人乗せることができる。鉄の連結棒でつながれた箱のような車輛は、朝八時から夜八時までパリ中を走り回っている。行き先はさまざまだ。そのほとんどは駅で接続されている。たとえば、『星の門』駅に着いて、離れた『冠の広場』駅に行かなければならないとしよう。誰でもそこまで労せずして到着したいと思わないだろうか。実は、一〇分ごとに目の前を乗合馬車が通り、何の手続きもする必要なしにそれに乗り込んで、車掌に言って、目的地までの切符を買えばよい。六スエルド支払い、行き先を告げると目的地に最寄りの停留所で降ろしてくれて、そこから、別の乗合馬車が目的地まで数分で運んでくれる。こんな便利なものは見たことはない」。快適さの点でこれに勝るものはないと感心している。パリ市内を走る乗合馬車の機能と利便性に、フランス社会の合理性が象徴されていると感嘆していたのである。当時メキシコは公共交通機関もなく、鉄道の開設は一八七三年である。
メキシコに対する郷愁もかきたてられ、パリで『カスティージャ語辞典――メキシコ語彙《ごい》増補版』の執筆も始めた。帰国後は政治家と科学者の活動を交互にこなした。

宗教論争

オカンポは、一八四二年からは、ミチョアカン州選出の議員となった。その後州知事になるのは時間の問題であった。米墨戦争敗北後は知事を辞任するが、サンタ・アナ失脚後、短期間だが大蔵大臣を務めた。一八五一年には、バジャドリッドのトリデンティーノ神学校の同級生で、モレリアの大司教であったクレメンテ・デ・ヘスス・ムンギーアと神学論争をくり広げた。この論争は、一五五〇―五一年スペインのバジャドリッドで、新大陸の先住民の資質とスペイン帝国への先住民の隷属性について神学論争を展開した、ラス・カサス神父と征服を正当と考えるセプルベダ神父の論議を髣髴《ほうふつ》させる。

オカンポとムンギーアのミチョアカン生まれの二人の間には奇妙に符合するところがあった。ムンギーアも、オカンポ同様、出自が曖昧《あいまい》なところがあった。一九世紀中葉、スペインでは、ドノソ・コルテスとハイメ・バルメスが穏健派の自由主義思想家と言われ、一八四五年のスペイン憲法の草案作成に力を尽くしたことは知られている。いっぽうメキシコではオカンポとムンギーアの二人の孤児が教会と国家の使命に関する伯仲した議論をしメキシコ中の緊張を高め、ムンギーアは「メキシコのハイメ・バルメス」と言われた。オカンポが州議会に提出した『陳情書』は、教区の臨時収入に対する課税とその立法化法案であった。二人は、その年の三月から九月までに、五回にわたる往復書簡を公表して、国全体に反響を呼び起こした。その論点は、教会にも世俗機関と同様に課税できるのかどうかであった。この背景にはオカンポが何年も前から、「霊的指導をせずに布施をとる悪しき慣例」について熟考を重ねてきたことがあげられるが、オカンポは次のような事件をきっかけに行動を起こしたと言われる。

彼の大農園の貧しい労働者でカンポスという者が、息子の亡骸《なきがら》を無料で弔い、墓に入れてほしいと司祭に頼んだことがあった。司祭は、私は布施を生活費にしているのだから無料では応じられないと断ったので、途方に暮れた男は、「死んだ息子をどうすればいいのでしょう、司祭様」と言うと、司祭は次のように答えたという。「塩漬けにして食べてしまいなさい」。こんなわけで、オカンポは、聖職者がこれまで当然のように信者に要求してきた「聖霊の世界へ入る料金」を請求したことに対して、『経済学および課税の原理』を著したリカードの経済理論を用いて、教会に課税しようと試みたのである。

一八五三年に、サンタ・アナが最後の機会となる大統領に返り咲いたとき、彼がオカンポを国外追放したことは前に述べたとおりである。オカンポは不信心で人々の信仰心を汚し教会の改悪をもくろみ、サンタ・アナの意に反して地主を脅かす政策を発表したという理由で、ミチョアカン州の聖職者と地主が抗議をしたからである。こうして国外で会った二人こそ、メキシコの内戦、レフォルマ時代の幕開けをともに担うフアレスとオカンポである。

二人はニューオリンズではじめて出会うが、オカンポがフアレスに聖職者への抵抗精神を説いていたのは、オカンポには宗教心が薄れていたからであった。いっぽうフアレスは宗教心に貫かれていた人物だった。そこで、オカンポは、メキシコに改革の精神を打ち立てるには宗教性から脱却することが必須《ひっす》だと彼を説得したが、フアレスは先住民独特の宗教を強く意識していたので、法解釈にも宗教性を重んじていた。

オカンポはニューオリンズで私財を担保にして、サンタ・アナを追放した一八五四年のゲレロ州の「アユトラの変」の資金を調達したと言われている。

レフォルマ戦争

レフォルマ戦争の勃発

サンタ・アナ政権が終わりアルバレスが臨時大統領になると、フアレスは法務大臣に、オカンポは大蔵大臣に任命された。レフォルマ戦争序章の主人公は、この二人だった。

アルバレス大統領は、独立戦争期に彼の上官だったビセンテ・ゲレロのように権力に執着せず、首都から離れたクエルナバカから、臨時政権を指揮していた。その後継者がイグナシオ・コモンフォルト（一八一二―六三）で、彼は独立戦争司令官のニコラス・ブラボーの指揮下で戦い、アカプルコ税関長であった頃、ゲレロ州のアルバレスと協力してサンタ・アナを打倒して「アユトラの変」を成功させた。彼は大統領になり一八五五年一二月に政権を樹立する。

レフォルマ戦争は自由主義派のコモンフォルト政権が誕生するとまもなく、対立していた保守主義者との間に始まった。

保守派と自由主義派との対立は、大衆の扇動者サンタ・アナの失脚後、メキシコがとるべき国是の選択肢の違いが原因であった。

自由主義者の主張する選択肢は「自由と改革」であり、保守主義者のそれは「秩序と伝統」であった。この国の近代化を達成するための道を二者択一することであった。

説明すれば、「自由」とは、政治について自由な意思表現が保障されている国情をさし、「秩序」とは、国の指針に反対意見をはさめないように規制されている国情を意味していた。「改革」とは、教会の価値観を人々に強要しない立場を生み出すことであり、「伝統」とは教会組織とその教導を尊重する立場をさした。二対の構想は、すでに国内においてそれぞれの代表者と、支持する側の軍隊があって、対立の象徴的な存在は一八五七年憲法であった。メキシコ憲法史上の金字塔と言われる、ファレスを中心とした自由主義者たちが自由主義精神を盛り込んだこの憲法は一八五七年二月五日に発布した。メキシコ近代史の碩学《せきがく》ダニエル・コシオ・ビジェガスは、次のようにこの憲法を称えている。

「メキシコの歴史には黒く、恥ずべき、消去したい頁がある。また、大文字で誇らしく記述したい頁もある。しかし、わが国も、近代ヨーロッパの諸国のように、民主主義と自由主義思想に裏打ちされ、円熟した国であるような印象を受ける歴史の頁が一頁だけある。その頁こそ、一八五六年憲法制定議会である。議員のなかにはさまざまな政治色と激情に駆られ、燃えるような気性を持ち合わせた、攻撃的な気質の人々がいた。しかし、彼らは議会では、いささかの策略も用いず、誰一人暴力や脅迫に訴えないで、多数決の原理を尊重することに努力を惜しまなかった」。

「自由と改革」、「秩序と伝統」という対をなす選択肢のうちでどちらの方針を優先させて、メキシコの近代化を推し進めるかという進路の決定で、両陣営は対立した。その場合、教会の存在が大きな比重を占めていた。それほど、メキシコが独立を達成してからも、人々の心の支柱はカトリック教会であり続けた。同時に、教会所有財産を伝統的な特権として優遇維持するか、または逆に教会による動産と不動産の所有という世俗的側面を規制するか、この選択肢がいまや迫っていた。この二者択一の意思決定過程が、メキシコ版「フランス革命」と言われる熾烈なレフォルマ戦争になった。五段階の進行形式で闘いは進展していく。

戦争第一幕――保守派の優勢

一八五八年一月から本格的に始まったレフォルマ戦争第一幕の大半は戦闘シーンである。保守派の反撃の端緒は、自由主義派政権を武力闘争で打倒した一八五七年一二月の「タクバヤの変」であった。政変の首謀者イグナシオ・スロアガ将軍は、自由主義派政権を倒すとたちまち一八五七年憲法を廃止してしまった。

それから三年間続くレフォルマ戦争は、開戦の最初の数ヵ月は保守派が圧倒的な勢いで展開したが、その後の二年間は一進一退で均衡を保っていた。教会は資金不足から保守派を強力に支援できず、自由主義派も資金調達に腐心していた。戦場は共和国中央部および西部、ハリスコ、サン・ルイス・ポトシ、サカテカス、コリマ、グアナファトでくり広げられた。保守派の拠点は首都で、自由主義派の拠点はメキシコ湾に面した港町ベラクルスであった。保守派には官僚、特権階級、そして、もちろん聖職者が加わっていた。

「タクバヤの変」を起こしたスロアガ将軍のあとは、軍人ミゲル・ミラモンが注目されはじめた。彼は、古代イスラエルでソロモン神殿の神を汚す侵略者ギリシャ人からイスラエル人を解放した、聖書に登場する伝説的な兵士「マカベア」のイメージそっくりの人物で、アラマンの時代から保守主義者として知られていた。

第二幕――自由主義派の巻き返し

レフォルマ戦争の第二幕は、メキシコの社会、宗教、経済の構造、歴史の構造を変える法律制定準備をして、自由主義派が勢力の巻き返しをする時期である。

自由主義派の代表格フアレスが一八五九年七月に発布した「レフォルマ法」とは、一連の改革法の総体をさしている。そのうちの一つが、アメリカ合衆国大統領ジェームス・ブキャナンが高く評価した、プラグマティズムに長《た》けたメキシコ人ミゲル・レルド・デ・テハダの起草した「レルド法」だった。教会が長期にわたり特権として所有を認められてきた動産、不動産を国有化する法律である。

さらに、同年八月にはメキシコ人の生活に関する民事的な面について、メルチョール・オカンポが草案を練った婚姻民事化法、戸籍および埋葬許可民事化法、宗教祝祭日の削減および公務員による宗教行事公式参加禁止法等が発布された。また、一八六〇年一二月には信教の自由に関する法も公布された。前述したように一八二四年憲法ではカトリックは国教と定められていたが、一八五七年憲法では信教の自由が保障されていた。

そこで保守派は、これら一連の法案に対して自由主義者の反動政治の表れだと決めつけた。それまでに先住民が所有していたエヒード（共有地）も、非生産的な不動産とみなされ、この法律が適用されて売却されたので、先住民の抵抗も必至と保守派はみなしていた。ファレスと対立するミゲル・ミラモンは、レフォルマ戦争中、自分の陣営の大統領代行に一八五九年八月に就任していたので、この改革に警鐘を打ち鳴らしたのは当然であった。

自由主義派には若き軍人がいたが、彼らは職業としてではなくその天分と信念のために軍人になっていた。彼らは幼年期と青年期を、革命に明け暮れたこの国で過ごしていたので、今こそ飛躍するときが到来したとみなしたのである。このなかで典型的な人物がファレスと、同じオアハカ出身で一八三〇年生まれのミシュテカ人、後に三五年間の独裁政治でメキシコに君臨する、ポルフィリオ・ディアスである。彼はオアハカ科学芸術院で教師であったファアレスから学んでいる。ファレスのようにポルフィリオ・ディアスも、最初は聖職者希望であったと言われている。

第三幕——外国の干渉

第三幕では、レフォルマ改革のさまざまな法律制定の過程で、国に新たな秩序が基礎づけられるように見えたが、時代の要請に予想どおりに応じることはできなかった。

というのも、一八五九年が過ぎると保守派の攻撃で守勢に転じたファレス陣営は首都からベラクルスに移らざるをえないような劣勢に陥った。自由主義派の軍事的優勢に翳《かげ》りが見えはじめたのである。さらに保守派はスペインの大臣モンと軍事協定を結んで、自由主義派の中心人物の一人であったサントス・デゴジャードを、エスタンシア・デ・バカの戦場で敗北させた。そのうえ、自由主義派は指揮権をめぐり内部分裂を始める。多くの者がファレスの指導力に懐疑的になる時期であった。なかにはファレスの命令にそむく者まで出てきた。レルド・デ・テハダは露骨にファレスを軽蔑《けいべつ》し侮辱さえした。イグナシオ・マヌエル・アルタミラーノは「ファレスは自己犠牲を払って行動することはなかった。彼は革命児ではなく、反革命児である」と述べる始末である。

一八五九年一二月に、アメリカ合衆国のブキャナン政権の新大使マックレーンと自由主義派のオカンポが、一つの条約に調印した。オカンポは、フアレスの承認を得て、米国に保守派への経済および軍事支援の中止と引き換えに、メキシコの主権を一部差し出すようなことを申し入れた。一一ヵ条の条文のなかには致命的な二ヵ条が含まれていた。つまりメキシコはアメリカ合衆国にテワンテペック地峡の永久通行権を委譲することと、メキシコ政府の要請があれば、合衆国は地峡地帯防衛のため、メキシコ領土内で軍事力を行使できることを承諾していた。しかし、この条文には地峡地帯で合衆国の国民の生命や財産が犯される不測の事態には、メキシコの事前の承諾なしに、防衛のための軍事力の行使が認められていたので、ロンドンの『タイムズ』は、メキシコは実質的にアメリカ合衆国の統治下に入ったと報じ、『ディリー・ピカユーン』は、アメリカ合衆国にとり四〇〇万ペソの援助金の対価はあまりにも安く、領土を購入しない限りは手に入れることができない完全な統治を手にしたと評したほどであった。

米墨戦争の際には仲裁に入った南部の拡張主義者は、このときは条約締結に介入しなかった。合衆国上院議会に、領土拡張政策に反対する声があったし、最終的には議会でこの条約は承認されなかったのである。このため、フアレスとオカンポの二人はテキサス共和国の建設者、ロレンソ・デ・サバラのように、メキシコの「売国奴」という汚名を着せられることはなかった。さらに、一八六一年から始まるアメリカの南北戦争を控えた国内情勢も影響していたことは否めない。

いっぽう、保守派のミラモンは、その勢力を徐々に弱められていた。間接的に保守派を援助していたスペイン艦船が、海賊船という口実で、アメリカ合衆国海軍によりメキシコ湾で拿捕《だほ》されたことは、自由主義派にとって勢力を挽回する機会となった。アメリカ合衆国とスペインがレフォルマ戦争の両陣営を支援していた。

第四幕――戦闘の終結

第四幕は、自由主義派の指導者間の内部対立のはじまりである。

ファアレスによりファアレス支持者が罷免されていく過程であった。三年間の戦争のあと敗色の色濃い保守派に、「名誉の退却」を確約しなければならない時期で、ファアレスの腹心サントス・デゴジャードは、一八六〇年に英国代表マシューと協議して、両派の停戦後にファアレスの代わりとなる暫定大統領の選出方法を提案した。メキシコ合衆国の大臣と各国政府から任命されている在メキシコ外交官代表からなる会合で、大統領を選出するというものであった。保守派の敗者ミラモンもこの提案に賛成したが、自由主義者の拠点があったベラクルスでファアレスは、デゴジャードの案を否認し彼の調停役としての任務を罷免した。

ファアレスは、レフォルマ戦争こそ、メキシコの民主主義のための戦いと熟知しながらも、民主主義の権威が侵された場合は、民主主義についてひとかけらの見識もないような独善的な人物と化していた。デゴジャードの提言はそれほどファアレスの体面を傷つけたり、彼の行為を糾弾したのでもないが、ファアレスは他人へ権威を委譲することは考えられなかったのである。かくしてファアレスはレフォルマ戦争の三年間、自由主義派の権力者になった。一八六一年一月一日、ファアレスの部下ゴンサレス・オルテガ軍が首都を占拠し、保守派を制圧してレフォルマ戦争が終結すると、ファアレスはメキシコシティの宮殿に移り権力を掌握した。

第五幕――改革のピッケル

第五幕では、フランス革命のジャコバン党のような「改革のピッケル」を振り回す行動に自由主義者がとりかかる。

自由主義派を批判してきたグループは処罰を受けた。保守派に復讐《ふくしゅう》する段階で、メキシコではじめてフランス革命さながらのシーンが展開されていく。自由主義者は教会の祭壇、説教壇、告解《こっかい》室まで破壊した。教会の聖人像は首を斬《き》られ、多くの宗教関係の文書館、美術館の所蔵品は略奪され荒らされた。教会財産も競売にかけられ、政府は全国の聖職者や修道女を追放した。教会建築の荒廃は地方によっては、今日でも私たちは目撃できる。オアハカ州のように、植民地時代の面影を残している地域の一つにサカテカス州があるが、そこには、今日でも植民地時代に建てられた教会建造物の幾つかは、原状を留めず、市場、劇場、博物館に用途替えされている。教会として存続している建物にも、尖塔《せんとう》がないものや見るにしのびない仮補修工事で、破壊をやっと免れたありさまが観察できる。教会内部の保存も思うに任せず、宗教画のあった場所や豪華な祭壇跡は空虚な空間がポッカリ空いている。自由主義者による改革のピッケルの爪跡《つめあと》に改めて驚かざるをえない。しかし、メキシコ版ジャコバン党の祭りが長く続かなかったのは、自由主義派の政府の国庫が底をつきはじめたからであった。

いっぽう、敗北した保守派も、自由主義派の特定の人物を報復として暗殺しはじめた。犠牲者の一人はデゴジャード、もう一人は自然界の孤児と言われたオカンポで、二人とも保守派によって殺された。二人とも、ファレスの権力に挑戦することをやめた男たちであった。しかし、彼らこそ最も高潔な民主主義、そして改革の精神を持つ気高い二人であった。ファレス信奉者の一人、ギジェルモ・プリエトは「デゴジャードよ、君は幼児の泣き声に心を乱し貧者の一灯を無駄にしないようにと、修道士のごとく清貧を自らに課した。君は革命の誉れである」と語っていた。デゴジャードはメキシコシティ付近でかつてイダルゴが退去したモンテ・デ・ラス・クルセス戦場で非業の死を遂げた。いっぽう、オカンポは彼の大農園を襲撃した保守派の一団に処刑されている。

レフォルマのドラマはフスト・シエラの言葉に要約できる。

「フアレスは、レフォルマ戦争を通じて、サポテカ人の不屈の精神を正統な大統領の座に吹き込むことができたのであろう。また、一八五七年憲法制定を通して、インディオのために、メキシコの保守的な圧制に立ち向かったのかもしれない」と言った。

フアレスはヌエバ・エスパーニャというスペインの植民地に変貌《へんぼう》する以前から待望されていた先住民の申し子のように権力を握り、そして死ぬまで権力を手放さなかった。

第六章　白昼夢をみた皇帝

ナポレオン三世の野心

青い目の大公

メキシコがレフォルマ戦争（一八五八―一八六一年）で国を二分して内戦をくり広げている間、遠くイタリア北部に位置するロンバルディア＝ヴェネト領邦に、イトゥルビデと同じような運命をたどろうとしていたオーストリア人の総督がいた。この人物とはマクシミリアン大公（一八三二―六七）で、自由主義者でロマンティストだった。オーストリア＝ハンガリー帝国の皇帝になる兄フランツ・ヨーゼフ（一八三〇―一九一六）より二年遅く生まれるという、不幸を背負っていた。

兄が確実に皇位継承の準備を進める一方、オーストリア皇帝の第二子は現実から逃れ、航海に出たり想像の世界に浸ったりしていた。スペインのグラナダを訪れたとき、カトリック両王の王室礼拝堂で気高く熱望したかのように、しかし、悲しげに、かつて権力を誇った人物の指輪や剣にその手を伸ばして、「スペイン・ハプスブルク王朝の子孫にとって、この剣をかざしてこの指輪をはめることは、美しくも素晴らしき夢なり」と、ため息をついたと言われている。スペインを訪問したのはメキシコでサンタ・アナ政権が打倒された時期の一八五四年のことだった。

金髪で顔面は青白く、何かを訴えるような青い目をして、手入れの行き届いた巻き髭《ひげ》でしゃくれた顎《あご》を隠したマクシミリアンは、イタリア、スペイン、ポルトガル、フランス、ベルギー、パレスチナなどに行き、結婚後には妻をベルギーに残して彼のいとこが君臨する遠いブラジルも訪れている。そこでは一人のブラジル人女性の魅力に身を任せた。性病をうつされたが時間がたって治ったと言われている。エキゾチックな風景の世界を記憶に刻み、想像をふくらませていた。ロンバルディア＝ヴェネト領邦のミラノの人々は、個人的にはマクシミリアンに敬愛の眼差しを向けつつ、この男の能力には不信感をつのらせていた。

二五歳でベルギー国王レオポルドの王女カルロッタ・アマリアと結婚して、アドリア海を望む岩盤の上に建てられた、まばゆい白雪石の宮殿ミラマール城に住んでいた。彼の執務室は所有する快速帆船ノバラ丸の内部そっくりに再現されていた。このミラマール城の眺望は、後に彼がメキシコ皇帝になったとき、チャプルテペック城にその姿を再現させた。アドリア海の代わりに大きな人造湖を造らせたのが、現在、メキシコシティのチャプルテペック公園を訪れる人が見る美しい湖である。

マクシミリアンはアドリア海を見ながら『回想録』を綴っていたが、そのなかに「もし、まだ仮定の話であるが、気球に乗ることができるようになれば、私は空を飛ぼう。きっと人生最大の喜びを見いだせるにちがいない」と、書いている。たしかに一七八三年にパリで人類最初の熱気球の浮揚飛行があり、一八七〇年の普仏戦争でも軍事用に使用されていた。その彼に、誇りを持ってその立場に忍従するようにと助言していた母親、ソフィア大公女の不安は一八五九年に現実となる。実兄フランツ・ヨーゼフは、ヨーロッパにおける政治勢力の緊張の高まりを目前にして、ミラノの領邦援護のため軍事力の補強を図ろうと試みていた。これが事実上、マクシミリアン総督の解任を促し、マクシミリアンが後にメキシコに行く決心をする伏線となった。

当時、パリに亡命していたメキシコの保守派で大農園所有者ホセ・マヌエル・イダルゴが、パリのメキシコ人社会を率いていた。彼は、グラナダ生まれのナポレオン三世（一八〇八―

七三）の妻エウヘニア・デ・モンティホ（一八二六―一九二〇）の友人であり、何年も前から両者は理由こそ違え一つの同じ夢をみていた。それはメキシコに君主国をつくることであった。保守派にとっては、かつて、ルーカス・アラマンが残した一種の遺言状の執行であった。皇后にとっては母国スペインの復権で、ナポレオン三世にとっては南北戦争の混乱に乗じてアメリカ大陸におけるフランスの勢力を拡張することを意味していた。この可能性に実現性を持たせるかのようなさまざまなできごとがあわただしく起こることになる。

フランス軍の進駐

レフォルマ戦争が終結すると国内統一を果たしたフアレスは臨時大統領になった。フアレスは、一八六一年七月に二年間の「対外債務返済停止宣言」を発表した。これが発端となり同年一〇月にはイギリス、フランス、スペインの三ヵ国は、メキシコ独立戦争中に被った損害を補償するための未返済債務の支払いを要求する協定をロンドンで結ぶ。翌年、この三ヵ国の軍隊はベラクルス港に上陸したが、スペインとイギリスは外交ルートで要求を満たし、派遣した軍隊を撤退することにした。唯一、ナポレオン三世のフランスは、「真の目的」を達成すべく軍隊の駐留を断行する。マクシミリアンとナポレオンがメキシコに新帝国を樹立するための資金と兵力、外交交渉について協議している間、駐留していたフランス軍はいち早くメキシコ国内の各地を占領しはじめた。しかし、皮肉にもその進軍は一八六二年五月五日、ローランス将軍率いるフランス軍が、イグナシオ・サラゴサ将軍に敗れることで停滞した。この戦勝記念日は、現在でもメキシコ国の年間祝祭日に指定されているばかりか、サラゴサ将軍の名前は、メキシコシティを走る地下鉄の駅名にもなっている。

これでマクシミリアンはメキシコ皇帝になる気力が萎《な》えたようにみえた。事実、このときイギリスは、このフランスの無謀な企てへの援助を拒絶した。ビクトリア女王はマクシミリアンに、「空位になっているギリシャ王国の帝位がふさわしい」と考えていたほどだ。オーストリアの宰相メッテルニッヒは、フランスに「野望を断念するように」と執拗《しつよう》に説得していたし、フランツ・ヨーゼフは、弟を追い払いたいとは思っていたが、計画貫徹に必要な軍事力や有効な援助を弟が確保することは、実際問題として無理だと考えていた。妻カルロッタの祖母にいたっては、事態に懐疑的で危惧《きぐ》の念を隠さず、マクシミリアンがメキシコに行けば、「きっと殺される」と予言していたほどだった。

フランス干渉戦争

王国を求めるマクシミリアンの野望は一本の糸にかかっていた。ナポレオン三世の野心であった。ついに、一八六三年八月、マクシミリアンはナポレオン三世に対して、大西洋を隔てた土地に新帝国を建国することを要請する書簡を書くことになる。

「皇帝陛下にはじめてお目にかかる光栄を賜って以来、閣下が私にお示しになった気持ちは忘れることはございません。もし、フランツ・ヨーゼフと私がメキシコ再建へ努力を傾けることをお許し願えますれば、尽力する所存であります。この大事業の実現に立ちふさがる最も深刻な問題は、アメリカ合衆国から生じるものと思われます。最近の情報によりますと、おそらく北部諸州が再び勢力を盛り返し優勢になると推測できます。この北部諸州は、地球の裏側の我々に敵対心を抱くとともに、自国の領土拡張にも野心的です。このため、我々の思いに対するフランスからの軍事援助があれば、アメリカ合衆国に対抗する最も強固な砦となり、この敵の目と鼻の先に誕生する帝国に攻撃を加えたり、打倒したりするだけの兵力を、南北戦争後に国内で立て直す余裕を与えないでしょう」。国際情勢を分析する評論とも思えるが、嘆願書である。

ミラマール条約

一八六四年四月一〇日、メキシコの首都とベラクルスの両市に住む有志だけにメンバーが限られていた保守主義者の組織「名士会」は、メキシコでの君主制の復活と、メキシコ皇帝に就任するよう請願書を携えてマクシミリアンに会った。グティエレス・デ・エストラダ宛

マクシミリアンとカルロッタ夫妻の肖像　偽りの〝メキシコの救世主〟(Foto Clío)

てに、サンタ・アナも亡命先のサント・トーマス島から、書簡を送った。「大公はこの上ない適任の候補者であるとお見受けいたします」。

その背景には一ヵ月前に、フアレスの精鋭軍がプエブラ市でフランス軍に大敗し、メキシコ北部に戦時政権の拠点を移さなければならなかったほど、フアレス軍の戦況は急速に不利になっていたことがあげられる。

しかも、メキシコの首都は一八六三年六月にフォレイ将軍に占領され、アメリカ合衆国に次いで、二度目の外国軍隊の首都侵攻となった。この後、フアレスが正式にメキシコの大統領となった一八六七年一二月まで、メキシコの臨時政府はメキシコ国内を転々と逃避しなければならなかった。

このとき、ミラマール城にメキシコの国旗がはためき、ミラマール条約が締結された。かくして、「君主の白昼夢」、メキシコ帝国は一八六四年五月二九日、マクシミリアンとカルロッタの二人がメキシコ湾に臨むベラクルス港に到着したときに実現する。

一五一九年、エルナン・コルテスが上陸したのも同じベラクルス港であった。奇妙なことにマクシミリアンが到着したときには、君主国再建を支持したはずのこの国の、どの町にも凱旋門はなく喝采もわかなかったと言われている。カルロッタの侍女によれば歓迎式は「冷ややか」であったと言う。皇后は嘆き、皇帝は、目の前の現実を否定する演説をした。「メキシコ国民よ、汝《なんじ》らが余を望んだのだ。余は喜んでその呼びかけに身を預けよう」。

フアレス政権の一員で、臨時政府の避難先であったモンテレイ市からミラマール条約を検証していた洞察力のある人物がいた。法律家ホセ・マリア・イグレシアスで、『歴史学研究』に次のように痛烈にこの条約を分析している。「当該条約の条項はいずれも実現不可能であることが判明した。これは明らかに背信行為である」。条約には、新政府が引き継ぐ予定の負債、権利請求、宮廷費、その他の諸経費に関する一連の費用が盛り込まれていたが、その合計額は、メキシコ経済が負担できる実情とあまりにもかけ離れた金額で、こうした費用は仮想の王国、もしくは、詩の世界にのみ存在する帝国にしか負担できなかった。支出できる国庫金は、紙に書かれた数字にすぎなかった。

「メキシコ人のための皇帝」

メキシコシティに一八六四年六月一二日に到着した皇帝はすぐ、普段の生活のなかでメキシコ人の真似《まね》を始め、レフォルマ戦争時の自由主義者の人民軍兵士「チナコ」風の服を着用した。これはメキシコ自由主義派軍のスタイルで、つばの広い帽子をかぶり丈の短い上着に膝下からボタンがついたズボンを合わせるいでたちだった。メキシコ人と同じように馬に乗り着飾りもしないで外出した。マクシミリアンは、自分のメキシコ人たる姿と自由を愛する精神を見せたかった。保守派の皇帝としてではなく、メキシコ人のための皇帝としてやってきたことを示したかったのである。

マクシミリアンは自由主義派からも信頼を勝ち取りたかったと考えられる。いっぽう、メキシコの自由主義者イグレシアスはモンテレイ市で、「一八六四年に始まったメキシコ帝国は難産で産み落とされた子供である。病弱で虚弱で貧弱だ。病的な生活を送り早死にするだろう」と予測していた。

メキシコ到着後、マクシミリアンとカルロッタの二人が居を構えたチャプルテペック城のことを、「ここはメキシコのシェーンブルンだ」とマクシミリアンは、弟のカルロス・ルイス大公に手紙を書いている。ウィーンを訪れた人はこの宮殿の美しさを思い浮かべるだろう。二人が幼年時代を過ごした宮殿を思い出してマクシミリアンは自慢していた。カルロッタは侍女たちに、メキシコ風に人名の語尾に縮小辞をつけて「カルロティータ」と呼ばせた。彼女は毎週月曜日に客を招いて舞踏会を催した。チャプルテペック城のテラスでの夜会は、マクシミリアンにとってというより、彼女にとって、なによりの楽しみであったと言われている。

フアレスの抗戦

いっぽう、外国の勢力に占領されていたメキシコで正当な政権を担う臨時大統領フアレスは、この年（一八六四年）のメキシコ独立戦争記念日は、占領されていた首都から遠く離れたチワワ州でむかえなければならなかったし、さらにそののちアメリカ合衆国の国境近くの北部に退却を余儀なくされるようになった。だが、不当に樹立されたマクシミリアン政権はフランス侵略軍を後ろ盾にしてはいたが、短命に終わる運命にあった。それはメキシコ人にとって、アメリカ合衆国の侵略につづく外国の勢力によって占領された祖国の独立を勝ち取ろうとする「第二の独立戦争」への闘志と変わっていったからである。さらに、マクシミリアン自身が予測していなかったヨーロッパの状況変化が、政権の凋落《ちょうらく》を早めたことも見逃せない。ヨーロッパを席捲《せっけん》していた紛争に、フランスの介入が必至になってきたことであり、メキシコ駐屯フランス軍を財政的にこれ以上支え切れなくなってきた。他にもアメリカ合衆国によるモンロー主義の再主張や、ファレス軍との抗戦が長期化してきた点なども帝政をこれ以上支えられない要因としてあげられる。マクシミリアンがメキシコの首都で君臨しているときでも、国内の一方の勢力はファレスの下に結束していて、彼らはどんなにフランス軍に鎮圧されてもゲリラ戦で、ミチョアカン、ハリスコ、シナロア、ヌエボ・レオンの各地で息を吹き返した。映画「ベラクルス」（一九五四年）でもフランス軍に巧みに対抗したこの時期の各地のゲリラ戦がよく描かれている。

行きづまる帝国

落日の皇帝

ナポレオン三世は、メキシコ帝国を維持することは割の合わない話だとすぐ気がついた。一八六五年二月の戦いでフランス軍のバゼーヌ将軍がポルフィリオ・ディアスを降伏させ、兵士四〇〇〇人を捕虜にし大砲六〇門を押収したが、フランス軍も激戦で払った代償は計り知れなかった。二万七〇〇〇人のフランス駐屯軍とその同盟軍は予想した以上に敵陣のゲリラ戦で苦戦し、また、費用の調達に苦渋していた。フアレス陣営はいつもフランス軍に勝利することを信じていたし、アメリカ合衆国の最新情報も新聞記者から入手していた。ワシントンに駐在させていたオアハカ出身者でメキシコ代表部のマティアス・ロメロからも、常に最新情報を受けており、その年の四月、北軍がリッチモンド将軍率いる南軍に勝利したことも承知していた。これに対して、マクシミリアンの戦略は不十分であったと言われている。手元に戦況判断の具体的な情報があるにもかかわらず、それをちらりと見るだけで、その情報から論理的な結論を引き出すことができなかった。しかし、意表をつく決定を下したことがあった。

それは皇帝の世継ぎのことを考えたときで、皇帝に嫡子が生まれないためアグスティン・デ・イトゥルビデの幼い孫を皇位継承者にすることを思いついたことだ。イトゥルビデの未亡人で、あとでアメリカ合衆国の国籍を得た祖母の反対を押し切って引きとられた少年は、パリに送られ未来のアグスティン二世を養成するために宮廷暮らしをさせられる。不幸な「イグアラの英雄」の孫とマクシミリアンとの養子縁組みは多くの人に愚弄《ぐろう》された。

「この事実自体はなんら重要ではない。王子でも公爵でも、侯爵でも伯爵でも、『簒奪者《さんだつしゃ》』の都合のよいような人物を生み出せばよい。そんな大袈裟《おおげさ》な肩書きは即席仕立ての貴族を嘲笑《ちょうしょう》の的にさらすだけで、ヨーロッパ貴族のあらゆる伝統を欠いて、真の貴族階級を形成することなどできるはずはなく、この架空の帝国で、馬鹿《ばか》げた役割を演じるほかはない」とは前述した自由主義者イグレシアスの言葉だ。一方で、マクシミリアンはますます自分の空想に、ロマンティックで熱い思いをつのらせていた。一八六五年九月一六日の独立戦争記念日の頃には、幼いアグスティンを養子にむかえることにいささかの変更もなかった。マクシミリアンはナポレオン三世からさまざまな苦言を受けていたが、彼とのつながりは続いていた。独立記念日の演説では「愛国者」メキシコ人として語っている。

「余の心、余の魂、余の責務、余のすべての忠実な努力は汝らのためであり、我らの祖国のためなのである。世界のいかなる勢力もこの使命貫徹から余を引き離すことはできまい。今や、余の体内にはメキシコ人の血が流れている。もし、神が余の愛する祖国を新たな危機にさらすならば、汝らはこの国のために余が前線で戦うのを見ることになろう」。マクシミリアンはメキシコの独立を正当に理解していなかった。この国の独立を台無しにするための道具になった人物が、独立の称賛者であるかのように振る舞うとは不相応である。

一ヵ月後には、フランス軍の指揮官バゼーヌは、ファアレス派を取り締まる厳しい命令を断行したが、抵抗運動は執拗に続いた。マクシミリアンの考えでは、もはやファアレスはあわれな抵抗者同然であった。

いっぽう一八六五年一二月一日、母国を守ろうとするファアレス大統領の任期再更新を前に、彼も支持者や協力者の多くから賛同を得られない孤立した存在となっていた。ファレスはチワワ州のパソ・デル・ノルテ（現在のシウダ・ファレス市）に短期間避難し、臨時政府もそこでフランス軍からの追撃を避けていた。メキシコの存亡をかけた最大の危機であった。現在、アメリカ合衆国のニューメキシコ州はチワワ州と国境を接している。国境地帯のアメリカ側の町はエル・パソ（El Paso）で、メキシコ側が「ファレスの町」を意味するシウダ・ファレス（Ciudad Juárez）になっている。共和国は彼の手のひらに乗るほどの狭い領土で、彼の動くところがメキシコ共和国であった。

「さようなら、カルロッタ」

マクシミリアンに地獄からの知らせが届いた。一八六六年一月一五日にナポレオン三世はメキシコ駐留フランス軍の引き揚げをすでに決定し、撤退は一年以内に完了しなければならないという通告であった。国際情勢がそうさせた。アメリカ合衆国の圧力、プロイセンの脅威、フランスの世論、メキシコ帝国の軍事費の過剰な出費がこの決定を招いた。思わぬ事態にマクシミリアンは当惑する。イギリスに支援を要請すべきか、退位すべきか。妻カルロッタが本領を発揮するときが到来した。

彼女はたちまち七月八日にメキシコを離れヨーロッパに渡り、パリで改めてナポレオン三世とエウヘニア妃の説得を試み、イタリアでローマ教皇にも謁見する。カルロッタがベラクルス港からヨーロッパへ出発した知らせは、帝政の崩壊が間近いという噂とマクシミリアン帝政を風刺した歌とともに、自由主義派の軍隊駐屯地にまたたく間にひろがった。

陽気な水夫がゆっくり歌う
不思議に輝く海を
もう錨《いかり》をあげて船は進む
ボールが弾むように、
さようなら、カルロッタ
さようなら、我が愛《いと》しの君よ。

人民軍兵士は勝利を叫ぶ
恐れと恨みを
思いにこめた船は出る
風は船に吹きつけて、
さようなら、カルロッタ

カルロッタ　ヨーロッパ王族の品位を死守しようとした賢婦（1866年）(Foto Clío)

さようなら、我が愛しの君よ。

出発前、カルロッタは自分の気性をはっきりと表す文章でマクシミリアンに手紙を残している。その気性は夫とはまったく異なっていた。全ヨーロッパの王侯に共通の経験と、彼女自身が諳《そら》んじていて自分の家に代々伝えられてきた教えから、一つの教訓を学んでいたからだ。それは決して退位してはならないということである。

「それでは、皇帝陛下、今度は私が申し上げます。捕虜になられてはなりません。皇帝がいる限り帝国が存在するのです。たとえ、六歩分の広さの領土しかなくとも、帝国は皇帝のものです。資金がないことなど大した障害ではありません。借款を申し出ればよいのです。努力すれば借款は得られます。成功は獲得するものです。お苛立《いらだ》ちにならないことです。実現可能の事業をいったん始めておいて、最終的に不可能になったと言っても、いまさら誰一人それを信じません。国を繁栄させる自信がおありであれば、退位されることはないのです。

もし、それが無理だと考えていらっしゃるならば、それはご自身への裏切りでございます。そのうえ、閣下が帝国救済の唯一の錨だなどという考え方は偽りです。結論を申し上げます。帝国こそがメキシコを救う唯一の方法です。神にそう誓ったのではございませんか。全力を尽くしてこの国をお救い下さい。いかなる困難があろうとも、閣下はその宣誓をお破りになってはなりません。この事業はまだ実現可能なのですから、帝国は存在すべきで、あらゆる攻撃から守ることが必要です。遅すぎた、という表現は、この場合は当てはまりません。早すぎた、とするべきです」。平常心ではない、地の底から発するうめき声のような嘆願であったと言える。

マクシミリアンとカルロッタに代表されたヨーロッパの権力の伝統は、メキシコには通用せず、一九世紀半ばにゆっくりと下降線をたどっていった単なるヨーロッパ王侯の一つの自叙伝となった。ヨーロッパでは王朝は一つ、また一つと消えていった。イタリアやドイツでは国民国家が、フランスやスペインでは共和国が誕生した。オーストリア＝ハンガリーとイギリスは、貴族が残る離島となり、王冠を失った君主らは誰よりも早く歴史の勢いにせき立てられ、蠟人形館《ろうにんぎょうかん》の人形のような気分を味わったのである。だからこそ、カルロッタは怒りをこめて退位に反対した。彼女は退位を敗北、そして、王朝の恥と受け止めていた。

絶望した賢婦

しかし、このドラマにメキシコはどんな関係があったのだろうか。メキシコがかかえていた問題は別のものであった。とりわけ、困難な政治的統一、経済市場の整備、眠ったかのような植民地から脱却したばかりの新しい国家の建設、国内騒乱の収拾、貧困の解決が最優先の課題であったはずである。

カルロッタはこうした疑問を自分自身に問いかけることは決してしなかった。マクシミリアンもわかっていなかった。自らの使命の正当性を疑ってみなかったとはおかしな話である。カルロッタはヨーロッパに出発したが、二度とこの国には戻らなかった。フランス軍が撤退準備をしている間に、ファアレス軍はますます勢いをつけてゆき、北からマリアーノ・エスコベドをはじめとする自由主義派の指揮官が、ポルフィリオ・ディアスは南のオアハカから、西側からラモン・コロナが、レグレスとリバ・パラシオはミチョアカンから進軍を開始した。将軍たちの平均年齢は三五歳。ほぼ全員、レフォルマ戦争の百戦錬磨の軍人であった。

ヨーロッパでカルロッタはナポレオン三世に会い、その後ミラマールに戻った。彼女はナポレオンのなかに、「メフィストフェレス（善の破壊者）」を見たと言われている。というのは、ナポレオンは彼女に口実を並べ立てたあげく、「これ以上、兵士一人たりとも、一銭たりとも送らない」と明言したからであった。

その後、カルロッタは毎晩、『ヨハネの黙示録』を読むようになる。「世界で最も美しい国」の皇帝を夢みた二人の結末は、夫は病に倒れ悲嘆に暮れて退位を決意し、妻はバチカンで発狂することになる。遺書を書いてマクシミリアンに別れを告げていたカルロッタは、オーストリアの精神病院に収容されて後、生まれ故郷のベルギーの城に幽閉されたのである。

彼女が死去するのはずっと後の一九二七年で、ベニート・フアレス、ポルフィリオ・ディアス、夫のマクシミリアン、フランツ・ヨーゼフ、教皇ピオ九世、ナポレオン三世、エウヘニア、バゼーヌなど、彼女の生涯にまつわる人たちよりも後にこの世を去っている。もちろん、彼女はメキシコの国情と、さまざまなヨーロッパ情勢には無縁であった。

マクシミリアンの最期

マクシミリアンは、妻が発狂したことはすでに知っていた。幼いイトゥルビデの孫はもう母親のもとに返すことで同意しており、カルロッタがいなくなった今、誰が彼に忠告するのだろうか。フランス軍の最後の兵士は一八六七年二月にメキシコを出発して帰還の準備に入っていたし、バゼーヌ将軍はプエブラ市からマクシミリアンに、メキシコを離れるように懇請していた。皇帝に忠実な友人ヘルゼフェルドもハバナから、「早くその国から出国すればよい。数週間もしたらむごたらしい内戦の舞台になる」と忠告した。だが、退位を決意していた彼はオリサバ地方へ旅立ち、そこで再び迷いだした。「この国に平和と秩序を取り戻すまでは去ることはできない」と考えていたと言われている。

保守派のミラモンとマルケス、先住民のカシーケのメヒアとメンデス、マクシミリアンの五人は、皆の頭文字をとった「五人のM」国家委員会で、運命を逆戻りさせるかのように兵を挙げる共同決定を下した。マクシミリアンはいつものとおりヨーロッパの友人に手紙を書いた。「私は今や現役の将軍で兵営にいます。軍靴を履き、拍車をつけ、つばの広い司令官の帽子をかぶって遮眼帯の馬に乗っている。この馬は決して私を放《ほう》り出したりしないのです」。そして、彼は首都に戻った。保守派の軍隊は七〇日間善戦したが、空《むな》しくケレタロ市に退却した。

マクシミリアンの末期はありとあらゆる悲劇の要素を備えていた。名誉ある最期を探していたのかもしれない。ケレタロ市ではマルケスの援軍が到着しなかったことが敗北への致命傷になり、さらに、マクシミリアンの友人ロペス大佐の背信も皇帝の逮捕を早めることになった。

亡命政府の大統領であったフアレスはサン・ルイス・ポトシ市から、「五人のM」に対して軍事裁判を命じる。マクシミリアンは司法権は皇帝の自分に及ばないとして出廷せず、逃亡も考えたがミラマールに戻り回顧録を書きたいとも思っていた。ファアレスには何通もの手紙と電報も打っている。「余の血が流血の最後の一滴となるように心から願い、汝らの大義を称えん」。惜しみないこのファアレスへの称賛は彼の正直な気持ちであったが、やはり、ファアレスが寛大な措置に出るだろうとふんでいたのだ。ヨーロッパの各国政府、アメリカ合衆国代表、イタリア自由主義者の代表、リソルジメントの英雄ガリバルディーでさえも、マクシミリアンに対する寛大な処置を訴えた。ファアレスの足元にひれ伏した魅惑的な王女もいた。さらにミラモンの妻の懇願でさえも無駄だった。「私はあの人の心に、父親に対するように、夫に向かうように接してみたが、あの石のような心を動かす術はなかった。あの冷酷で復讐に満ちた心を、溶かすにはいたらなかった」。

サポテカ人のファアレスは「私が皇帝を罰するのではなく、法律が、国民が処罰するのだ」と言った。マクシミリアンはとうとう覚悟を決めた。「もはや、この不幸な国の争いに責任を感じていない」。善をなそうとしたマクシミリアンの気持ちは、歴史に甘やかされたヨーロッパの王子に、能力以上のことをさせたのかもしれない。一八六七年六月一九日、ケレタロ市の町を見下ろすセロ・デ・カンパナス（鐘の鳴る丘）で三五歳の皇帝は、最もメキシコ人らしい銃殺刑で死を全うした。刑の執行後、遺体を検分したファアレスが、「彼の脚は思ったほど長くはなかった」と、つぶやいたことが伝わっている。

カルロッタとマクシミリアンの悲劇は、幾世代にもわたって、ヨーロッパやアメリカなどの劇作家、小説家、詩人、映画、作家の文学的想像をかきたてることになった。同時代のフランツ・ウェーフルは戯曲を書き、ハリウッド映画もこの悲劇を作品化した。マルコム・ローリーは、皇帝がハンモックに揺られて夢と空想に思いを馳せた楽園、クエルナバカで『火山のふもとで』というすばらしい作品を書いた。逆説的に聞こえるが、二人は死ぬ間際にこの世での望み、つまりメキシコ人になることを叶《かな》えたのだろう。またメキシコほど、この不幸な皇帝夫妻を伝説化した国もない。

建国の父ファレス

ファレスの勝利

マクシミリアンが逮捕され処刑されてから、一ヵ月ほどたった一八六七年七月五日、ベニート・ファレスは首都に凱旋した。共和国の勝利である。そこはポルフィリオ・ディアスにより数週間前に鎮圧されていた。今度ばかりは、この国は新しい歴史的段階、「第二の独立」を達成したという実感に、多くの人は酔いしれていたと言う。

保守主義者ルーカス・アラマンと、自由主義者ホセ・マリア・ルイス・モラが始めた二つの国家プロジェクトをめぐるイデオロギーと軍事的争いは永久に終わりをむかえた。保守派はこの国の舞台から消えていった。自由主義者だけが残り、一八五七年憲法に確立された基盤の上に、国家は強固なものとなっていく。モラとゴメス・ファリアス、オカンポの流れをくむ者たちが勝利し、ファレスはメキシコシティ入城の記念すべき日に演説をした。

メキシコの国民と政府は
他国の主権を遵守するように
万人の権利を尊重しなければならない。
他者の権利尊重は
平和につながる。

メキシコ人なら誰でも知っているこのファレスの残した言葉は、現在でも、政府機関の政庁や各州の官庁内で壁面を飾る言葉になっている。

皇帝夫妻のロマンティックな雰囲気とその悲劇的な末路に比べて、ファレスの勝利は印象が薄く無味乾燥に映った。しかし、双方の歴史を一組の絵巻にすることのほうがむしろ不当な扱いで、マクシミリアンの純粋さを別にすれば、皇帝がメキシコで君主制を望む人々に与《くみ》したことはなんとしても正当化できない。

マクシミリアンは事実を直視していたらカルロッタのようにひどい錯乱状態に陥ったことだろう。自らを裏切り続け、明白な事実を否定し続けたのだから、死ぬほうがましだったかもしれない。ファレスはその逆を、つまり、いかにして侵略者から母国を守れるかという情熱を象徴した人物だった。彼にとっても、メキシコにとっても、生きていくほうがよかった。

その後、ファレスには亡命政府内の最も難しい決定を下す時期が訪れた。それは、対仏戦争状態が終結しても選挙を実施できる国情を回復するまでのあいだ、大統領在任期間を一方的に延長するという取り決めを盟友セバスティアン・レルド・デ・テハダとしたときだった。憲法によると大統領の四年の任期が満了すると、その権限は最高裁判所長官に返還しなければならない。議会はヨーロッパ列強によるメキシコ干渉が始まった一八六一年末から、ファレスに大統領権限を国家領土保全と完全独立までの期間、延長することを容認していたが、その時期も終了していた。しかし、ファレスとレルド・デ・テハダはこの権力の委譲問題を、法的論拠を準備して政治的に折り合いを図った。

民主的独裁者

『憲法と独裁制』の著者エミリオ・ラバサは、ファレスには危機的な状況に瀕《ひん》している社会の長の常として、極端な手段を講じる前に、必要な権限をあらかじめ彼に付与する法令を発布しておく周到さがあったと書いている。別の法令で制約されずに権力行使ができるような基盤を整える賢明さがあった。それをラバサは民主的独裁者だと言った。

一八六五年九月になっても、フアレスは国家存亡の逼迫《ひっぱく》した状況はまだ解消されていないという判断をしていた。その矢先、時代の潮目を告げる事件はついに起こった。「私には果たさなければならない神聖な義務がある」と主張し、大統領の任期を再延長し、同意しない最高裁判所長官を解任するという蛮勇をふるった。このときから、自由主義派の世代全員がフアレスに反感を抱くようになる。

「フアレスにとって権力の源泉は尽きることはなかった」と、ラバサはさらに述べている。フアレスはその権力を敵に対してはっきり誇示した。保守派に、君主派に、マクシミリアンに、自分の権力を見せつけた。友人（デゴジャード、モラ、プリエト）にもそうであった。とりわけ、共和国で各地方の権力者だったカシーケ、軍司令官、州知事に対して権力を誇示した。味方にも敵にも同様に容赦しなかった。

一八六七年七月に君主国が崩壊し共和国が復活すると、フアレスはやっと大統領選挙を実施した。唯一の対立候補はマクシミリアンを打倒した軍人ポルフィリオ・ディアスだったが、フアレスは七二パーセントの得票率で勝ち、一二月に大統領に就任した。副大統領にはレルド・デ・テハダが任命される。

ファレスは、一八五七年憲法発布から一〇年間にわたり、ときには憲法をはためかし、ときには憲法が定める範囲外で、つまり、広範囲にわたる特別権限を有し、権利保障の停止を宣言して政権を維持してきた。憲法を頑固に擁護したとはいえ、彼には憲法は決して不可侵ではなかった。最大の問題は議会と政府の対立を調停することで、モレーロスやイトゥルビデを墓場に追いやったような議会への過度の権限付与は是正しなければならないと常に考えていた。そこでアメリカ合衆国のように上院を創設するのも一案と考えた時期もあると言う。一八六七年以降も、彼の判断では国の情勢はまだ大統領の特別権限措置と権利保障停止の実行を必要としていた。ファレスは憲法を表向きには擁護しているようで実際には憲法なしで統治を続けていたのである。

ディアスの蜂起

皮肉なことに今度は保守派を打倒した自由主義派内部が分裂しはじめる。世代間の新たな争いが内側から平和を引き裂きはじめた。一方は、レフォルマ戦争に参画した知識人や弁護士の世代、その代表はファレスで、他方は、一八五七年憲法、「第二の独立」のために武器を手にした若い世代の軍人である。旗手はポルフィリオ・ディアスであった。

フアレスは、若い軍人階層に手痛い仕打ちをした。八万人の軍隊を維持できない現実から、国庫の乏しい予算を食いつぶす脅威になる何万人もの軍人を解雇したのである。この措置に反対する武装蜂起が起こり、大統領は戒厳令をしいて難局を脱する。若い世代の軍人と違い、老獪《ろうかい》な知事らは大統領へ忠誠を誓った。

さらにフアレスは内戦の混乱から生まれた地方の治安維持も解決できなかった。そのためグアダラハラ州の北西に隣接し、太平洋に面したナヤリ州一帯は、「アリカの虎《とら》」の異名をもつマヌエル・ロサダが、メキシコとは別の帝国のような無法地帯を支配していたので、治安維持隊として「ルラーレス」という全国規模の広域国家警察隊が創設された。

フアレスは一八七一年の大統領選挙で再びディアスと争った。国内が完全に鎮圧されていたとはいえ、もはや、彼が引き続き大統領職に留まることを正当化することは困難であった。フアレスは保守派と自由主義派が激突した内戦であるレフォルマ戦争、そしてマクシミリアン帝政を容認したフランス干渉戦争の間はメキシコの「火床」とも言われて評価されていたが、それは当時、この国の独立と領土保全がまだ脅かされていたためで、国家の危機感はこの頃には明らかに沈静化していた。

新しい人物が、新しい世代が、来るべき時代の扉を叩《たた》いていた。その波を六五歳の大統領は阻止しようと躍起になっていた。ファレスが権力の座についてもう一五年、彼自身が潮時かと見極めるまで、その政権を永遠に延長するかのように運命づけられているようであった。オアハカであっても首都であっても、彼は権力を譲歩したことも、譲歩するつもりもなかった。自らがその地位に留まるために彼は自分の同志に対して極端な弾圧手段に訴えた。まちがいなく自由主義の自縄自縛作用に陥っていったのかもしれない。

新しい政敵の一人は、最後までファレスに忠誠を誓ったセバスティアン・レルド・デ・テハダで、選挙で対抗する前にファレスのもとから離れていく。彼には若い改革派の支持者が待っていた。もう一人の候補者は、若者の憧れの的で、前回も出馬したポルフィリオ・ディアスで、両者がファレスを打倒しようと力を合わせていれば、政権の交代は実現した。ところが、ファレスは四七パーセントの支持で最大得票獲得者として勝利した。これまでの選挙で最も不透明な勝利であったと言える。議会と策略をめぐらし、一連の選挙操作を図ったのである。

当時、新聞の風刺漫画は、検閲を受けていなかった。そこでは魔法使いの姿の大統領が、まずい選挙用スープを料理している様子が描かれている。いっぽう、ファレスの辛辣な批判家の一人は、ソネットを書いている。

なぜ、票を買い集めているのか、
君に投票する者に金をやるのか
汚い策略をなぜ、許すのか。

そうさ、ベニート、もう別の道を行くがよい、
友よ、海賊みたいな真似はよせ
もう、みんなはそれほど馬鹿じゃない。

ファアレスは憲法を廃止したわけでもなく、憲法を蹂躙《じゅうりん》したわけでもなかった。憲法を冒瀆《ぼうとく》したのである。軍人が憲法擁護の旗印のもとに集結し、ついにファアレスに対して反旗をひるがえす時期が到来した。一八七一年にファアレスが再選されると、ポルフィリオ・ディアスが、「ラ・ノリアの変」を起こした。彼の唱えた「公正選挙、再選反対」の単純なスローガンは説得力があったが、この武装蜂起は失敗した。政府軍がディアスに致命的な打撃を与えたからで、追いつめられたディアスは、ナヤリ州一帯の無法者マヌエル・ロサダと、反逆のための同盟を結ぶことを視野に入れたほど、ファアレス打倒に燃えていく。

ファアレス急死

そこへ、一八七二年七月一八日、国中を揺るがし、ディアスを驚かせた知らせが舞い込んだ。「国立宮殿で狭心症のためベニート・ファアレス死す」。

臨時大統領レルド・デ・テハダは、大統領に反旗をひるがえしたディアスにただちに恩赦を与え、ディアスはこの政略に不承不承応じたが、その後は再度蜂起するのに何年も待つ必要はなかった。一八七六年、彼は改めて「トゥステペックの変」を指揮し、レルド・デ・テハダ大統領を打倒して軍事的勝利を収める。その後の大統領選挙でも投票の結果、夢みた大統領の座に就き、ファアレス大統領の二倍以上の年月もメキシコの大統領の座に留まることになる。

国家の覚醒

ファアレスは、メキシコが消滅する一歩手前のところで、権力者の権威を正当に位置づけることに成功した。二つの恐ろしい嵐《あらし》、レフォルマ戦争とフランス干渉戦争のなかでこの国を導き、そして嵐を抜け出したとき、この国は別の国に生まれ変わっていった。大統領在職中、ファアレスは神に呼ばれた羊飼いのごとく先祖から受け継いだ本能的な賢明さに頼り、宗教的敬虔さをもって、先住民独特の忠誠心を、一九世紀の新しい政治要素に、つまり、法律、憲法、改革に移し替えていった。放し飼いにした迷える国民の群れを「解放の川辺」へと連れて行くためであった。彼はこの経験を誰よりもこの国の先住民の兄弟たちに伝えたいと望み、嘆かわしい貧困からも解放したかった。この国にはもはや、サンタ・アナ時代のようにオペラや演劇としての題材を提供する余地は残されていなかった。ファアレスの正当性は先住民の神権政治の伝統から生まれた苦難の合金であったが、未来の理想となる自由主義国家に融合していくまでにはいたらなかった。ファアレスはレフォルマ戦争中、そしてフランス干渉戦争の間メキシコを導いた。そののち、文民同士の対立が新たな段階に入っている渦中に、彼の死はこの国を絶妙な形で揺さぶった。彼はギリシャ神話の「不和の女神」と化していた。

サンタ・アナがアメリカ合衆国軍と戦った一八四七年の戦争の時代と、ファアレスがフランス軍と戦った一八六二年の戦争の時期と、基本的な相違点があることを認めなければならない。前者はクリオージョの時代で、メキシコは一つの国ではなかった。国としての意識がなく、地方や地域の集合体で、その証拠に、米墨戦争が始まり、首都で目の前にアメリカ合衆国軍の進軍を見たときでさえ、メキシコ人はさながらパレードを見るごとく、劇中劇の兵隊を見るように傍観していたと言われている。その結果は、領土の半分を喪失し、国が崩壊するという、目に見える危機を招いたのだ。

打って変わって、一八六二年の対仏戦争時代は、先住民とスペイン系白人が混血したメスティソが躍進していた時代で、メキシコ人に自意識を覚醒《かくせい》させ、国としての意識を形成するのに役立っていた。その背景には、それまでの英雄と異なり、先住民の血を引くフアレスに外国の侵略から国を守ったこの国の権力者として、正当な権利と厳格な権威が付与されたことにある。

メスティソ階層は、一九世紀半にはメキシコの人口構成のなかで、すでに優位を占めていた。指導的な職種にも就けるように門戸は開かれていた。メスティソのイグナシオ・マヌエル・アルタミラーノは文芸雑誌『エル・レナシミエント』（再生）を創刊し、これはまさに一国の文化の新たな始動を意味していた。多くの都市でこれが文芸活動の模範となり、はじめての本格的な教育機関として「国立師範学校」（ENP）も創立された。哲学者モリナ・エンリケスは、フアレスの最大の貢献は、メキシコの国をメスティソという構成員の上に立脚させ、自由な主権国家に導いたことだと言っている。

しかし、フアレスはメキシコを豊かな国に変えることはできなかった。民主主義を確立したわけでもなかった。連邦制度も尊重しなかった。しかし、メキシコは歴史上はじめて、完全に自由な政治的風土を享受したと考えてよい。議会は行動し、決断し、大統領にも反対できた。裁判所の判事は選挙によって国民に選出され、干渉されずに職責を果たした。多くの新聞は自由に報道し、報道の標的はたいていの場合、ファアレスであったが、ファアレスは攻撃してきた相手に辛辣に対処したものの、誰も暗殺しなかった。何も圧力をかけなかった。常に合法的な手段で実務的な解決策を講じた。ファアレスが権力を手放さなかったのは、誰も信用していなかったからである。

ファアレスは、サンタ・アナ時代の混乱期に長すぎるほどの歳月を生き、手に入れた幸せがこんなにもはかないものかと痛感していたようだ。そのため、この幸せを永遠に守るのは自分だと信じていた。彼の権力への執着は、ファアレスを批判した人が指摘しているような権勢欲や野心からではなく、古い消すことのできないマヤ・アステカ文明時代からの神権政治に付与されたような権力への執着が根底にあったように思われている。フスト・シエラが『ファアレス、その功績と時代』のなかで述べているファアレス称賛の言葉は、メキシコ人にとってさえも、意外性なしに読むのは容易ではないが、メキシコの国民性を知るうえで興味がある。

「祖国の偉大な父よ！　あなたは自分の忍従さが、自分の献身さが、自分の信念が、勝利するのをみた。理想を実現しようとあせる者は、あなたの前で武装し怒って抗議した。しかし、その多くはあなたの協力者であり、同じ政治思想の持ち主であった。あなたの後継者でもあった。各世代は自己の信条を固く信じ守りながら去っていくが、あなたのように到来する世代に遺産を残していく者はいるだろうか」

第七章　族長の功罪

ディアス登場

メスティソの躍進

フアレス同様、ポルフィリオ・ディアスもメスティソと無関係ではなく、度重なるこの国の戦争、反逆、世代間の相剋を乗り越えた自信と、自分の出自にも関係する歴史の重みを忍従してきたオアハカの先住民として、自負の念を抱いていた男だった。

一九世紀中ごろにはミシュテカ人は二〇万人ほどの大きな先住民グループを構成していた。スペイン人の征服以前は戦士、金細工師、大工などを生業としていたし、土地の所有者もいた。ディアスが生まれた頃は、彼らはもはやその面影を留めていなかったが、フアレスがサ

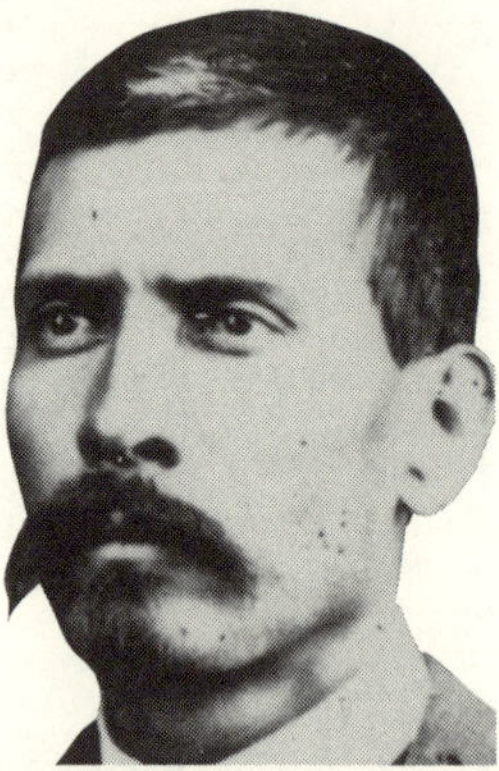

30代のディアス（1864年）
(Foto Clío)

ポテカ人の影響を色濃く引き継いでいたほど、ディアスは先住民の世界に深くかかわりがあったわけではない。しかし母親はミシュテカ人であった。彼はレフォルマ戦争の間、テワンテペック地峡地帯の軍司令官として、はじめて部隊をミヘ人とサポテカ人のみで編成した。彼らを指揮し観察しながら、先住民が命令を実行するときの精悍さと厳格さを学んだ。ディアスはサポテカ人の言葉は理解できなかったが、権力を行使する者にとって学ぶべき豊かなニュアンスと表現力を持つ言語だと思った。ディアスの妻も先住民であった。

三〇歳で読み書きを覚えたこの婦人は、後にテワンテペックの「女主人」ファナ・カタリーナ・ロメロ夫人に変身していく。彼女はその美貌《びぼう》、気品に満ちた人柄、そして、魔法使いのようにバラのつぼみを開花させることができ、山の精霊とも通じ合うとまで言われたほど、薬草、占い、煎《せん》じ薬についての深い造詣《ぞうけい》によって尊敬されていた。この記述を残したフランス人の旅行者シャルル・エティエンヌ・ブラッスールは、ディアスのことを「私が今まで旅をして出会った人のなかで、最も傑出した先住民の血を引く人物である。私が想像していたとおりディアスはクアウテモック（アステカ帝国最後の王）の化身だった」と言っている。

ミシュテカ人の軍人

先住民の血筋だけがディアスの人格をつくりあげていたのではなかった。カトリックとスペインの伝統も彼に影響を与えている。ディアスの生家の前にソレダ教会という教会があったが、そこの真珠と宝石で縁どられた黒いベルベットをまとう聖母像は敬虔な町で最も崇《あが》められていた。一八四四年一二月一八日の朝、当時一四歳の神学生で司祭志願者であったディアスは、母親と四人の兄弟と一緒にその教会のホセ・マリアーノ・ガリンデス主任司祭の説教を聞いていた。

「我々の教会は今まで信仰を集めその慈悲深さを称賛されていた。たとえば、多くの修道院や教会では司祭にあらゆる階層の人が心酔し、精神修養と教会の定める儀式へ献身的に参加し、慈善事業に熱意を燃やしていた。霊的読書も広く実行されていたが、現在は何というありさまだ。自堕落で神を冒瀆する書が広く読まれている。はじめは隠れて読まれ今は公然と市販されるほど急速にその種の本は市中に普及している。新奇の教条が神聖視されるようになった結果、人々の心は凍《い》てつき、理性が鈍り、良き習慣を放棄して現代哲学を注目するようになった。子供と敬虔な老婦人だけが教会の教えを守り、大斎《たいさい》は修道院でのみ実践されている。今、我々の抱く神への厳粛な崇敬と精神や魂の安寧は乱れ揺れ動いている」。
風紀を乱し敬虔さを欠く教えを流布していた源は、オアハカの科学芸術院であると言われていた。人々はその学校を「異端者の家」と呼び、そこの学生を「放蕩者《ほうとうしゃ》」と呼んでいたほどであった。その異端者の家で法学の教師をしていたのがベニート・ファレスで、何年かあとに学生として在籍したのがポルフィリオ・ディアスであった。

ディアスにとり神学校から離脱することはファレスと同様、困難であったが、一八三三年のコレラの流行でディアスの父親が亡くなり、多くの兄弟をかかえ一家の大黒柱となった彼は、叔父にあたるオアハカの司教に進路の変更を相談した。たびたび司教に説得を試みたが失敗したため、司教の言葉を無視して、司書を務め、ラテン語の臨時教員をしながら、弁護士をめざす目的で科学芸術院に入学して勉強することに決めた。

彼はきわめて現実的な人物でかつ腕の良い職人（机、椅子《いす》、靴を作っていた）であり、優秀な体操選手でもあった。そのうえ、生まれながらの指導者となる素質も備えていた。ディアスが自立するためには軍人の道が残されていた。一八五二年にはベニート・ファレス自身が科学芸術院長としてそれを支援している。彼の支援でディアスは軍隊で戦術と軍事教練を学び、のちに百戦錬磨のミシュテカ人の軍人となるが、このときサポテカ人の法学士に借りを作ったのである。

その頃、サンタ・アナは保守派の要請で亡命先からメキシコに帰国していたが、まもなく、「アユトラの変」が成功しサンタ・アナは退陣する。オアハカ州知事のファレスにとってディアスは彼の右腕であったが、二人が袂《たもと》を分かつ時期がまもなく到来する。ミシュテカ人の軍人がサポテカ人の法学士に反旗をひるがえすときで、それはまた、サポテカ人の法学士が権力に執着しすぎた時期でもあった。

飛脚役の交代

ファレスからディアスへの政権交代は、自由主義者とメスティソ階級の価値観が合致したときだった。

それは長年にわたって個人の自由、政治の自由、そして自由そのものを最も価値あるものとしてみなしてきたメキシコがそれを手に入れた今、自由だけが唯一の価値あるものではないと目覚め、物質的進歩の遅れに気がついた時期でもあった。物質文明の遅れは否定できなかった。鉄道網の未整備はその事実のいちばんの例で、一八七三年にようやくサンタ・アナの時代からの夢であったメキシコ鉄道が開通した。ディアスとともに、新たに権力を握った世代のリーダーはそれまでと異なる価値観を持っていた。

この頃、進歩派新聞社の名称が「エル・フェロカリール」(鉄道)と呼ばれていたのは偶然ではない。新聞記者のフランシスコ・サルコも当時を失望して次のように述べていた。「自由な国であるのになぜ不便を感じるのだろうか。交通手段が整備されていないからだ。通信手段が不備だからだ。首都からベラクルスへ延びる鉄道網がなければ我々は何もできない」。

発展への手がかりを得るためには、もはや自由を手に入れるだけではなく「秩序、平和、進歩」という三つのキーワードを組み合わせることが必要であった。このスローガンは、フアレス時代のメキシコに達成できなかったものだったが、ポルフィリオ・ディアスによって実現されるようになる。サポテカ人の法学士に代わってミシュテカ人の軍人が、新しいメッセージを国家に届ける時代の「飛脚役」になった。フランス干渉戦争(一八六二―六七年)の間、ディアスは最初から戦場と情報収集の最前線にいた。他人を観察し、人の情熱や野心を察知し、それを利用する能力は抜群だった。「ディアスは自分のことだけを考え、私に国政を任せ、その代わりに私からの指示も受けなかった時代があった」と、フアレスは彼について語ったことがあった。しかし、ディアスはもはや「オアハカの英雄」ではなく「メキシコの英雄」になりつつあった。フランス干渉戦争の間、ディアスの身辺で起きたできごとは、アレクサンドル・デュマの書いた本の一頁を抜粋したかのような活躍ぶりであったと言われている。苦戦のあとの苦難の退却、ハンニバルのような勇ましい行軍、肉食獣や鷲だけが隠れそうな難所への避難、見事な軍隊編成などは今でも語り草になっている。「第二の独立戦争」と言われた、マクシミリアン帝政を打倒した闘争の勝利にも大いに貢献した。

メキシコで君主制に止《とど》めを刺した一八六七年七月一五日、ディアス将軍はメキシコシティへ勝利の凱旋行進をしたが、その模様を眺めていたファレスは、いつもの彼の表情ではなかった。サポテカ人の法学士はミシュテカ人の軍人を敬遠し、拒絶したい気持ちを抱き、自分の大統領の地位を脅かすような政敵の野心を察知していたようだと言われている。

権力を永久的なものにすると豪語していたファレス支持集団に対し、その集団の外で待機することに疲れ果てていたディアスとその同盟者集団は、のちに、メキシコ政治の伝統的手段である軍部のクーデターという手段に訴えた。そして飛脚役を交代して、メキシコが先住民の過去と植民地の負の遺産から離脱して文明の進歩を求める道を模索しはじめた。

ディアスは政治について語るとき、「馬を御するには、〝手綱を握る〟という言葉を知らなければならない」という諺《ことわざ》を頻繁に使っていた。彼によればメキシコという国は一つの集団ではなく、言い換えると飼いならして服従させなければならない騒がしい「馬の群れ」であると言う。このためファレスが実施した形式だけの法律制定はそれほど効果的ではなく、まず、国内に秩序と平和を確立することが優先されるべきだという思いをこめて、軍人ディアスは一八七六年に大統領になった。

ディアスの長期政権

メキシコのベルエポック

ディアスはメキシコ人の政治的、社会的活力を結集して国際競争力を高めるには、なによりも社会基盤の整備が必要だと考えた。しかも、秩序を確立して、その結果としてはじめて平和の維持ができ、そのうえで進歩が到来するという考え方であった。植民地時代の一八世紀末期に、第二章で述べたブルボン改革で対外貿易はわずかに活発になった時期はあったが、メキシコ経済は絶頂期をむかえることは決してなかった。ところが、ディアスの時代、一八八五年に対外債務は完済することになる。

国内通商の自由化、たとえば、物品税の撤廃、急速な鉄道網の拡充、国内市場の統一と整備により対外貿易を繁栄させた。鉄道網については一八七六年に六三八キロメートルであったのが、ディアスの統治末期の一九一〇年には一九二八〇キロメートルに延長された。また、農業、工業、鉱業も飛躍的に発展した。マクシミリアン帝政時代と異なり輸出品目の多様化がみられ、メキシコ銀の貨幣ペソはヨーロッパ、アメリカ合衆国、中国にまで流通していく。

一八九四年にメキシコは金融政策とリマントゥール財務大臣の財政政策が功を奏して、歴史上はじめて経常収支が黒字となった。外国投資は総額にしても、国別にしても空前の増資を呼び込み、ディアス政権末期には、アメリカ合衆国も羨望《せんぼう》するような経済的繁栄をもたらした。それはメキシコにとってベルエポックと映ったであろう。

新聞の論説

一九世紀末にポルフィリオ・ディアスは絶対的な権力を握っていた。しかも、その権力は過去に例のない強権発動型の統率力と、組織化された推進力が、合理性の名のもとで実行されていたと言える。「シエンティフィコス（技術官僚グループ）」というテクノクラート集団がその推進役で、当時、この時期の経済的進歩に反論することは誰にもできなかったほどの実績を残した。

すなわち、新しい産業、鉱業、農業、金融、社会基盤の充実、雇用拡大などの分野でメキシコは大きく発展し、二〇年間でディアスは外国におけるメキシコの信用の失墜を回復させた。自由主義陣営の新聞『エル・モニトール・レプブリカーノ』（「共和国の監視役」の意）も、ディアス政権の実績を称賛しないわけにはいかなかった。「トゥステペックの変」以来、国家の進歩には感嘆すべきものがあると新聞紙上で称賛していた。ファアレス政権を力で打倒しようとしたディアスの軍部のクーデターを、正当化したかのような印象も与えた。とはいえ、自由主義の本流から考えると、ディアスの政策は自由主義経済と政治弾圧の奇妙な組み合わせであった。自由主義の否定と憲法無視の組み合わせとも言えるかもしれない。

ディアスは新聞の政権批判記事を弾圧することはなかったので、一九世紀最後の一〇年は、新聞は執拗な批判の論壇を形成した。そのなかで、フィロメ・マタを主筆にかかえた『エル・ディアリオ・デ・オガール』(「日刊炉床」)と、カトリック系新聞『エル・ティエンポ』(「時代」)が際立っていた。政府の検閲にもかかわらず、二つの新聞は社会風潮の監視役の使命を放棄することはなかった。また当時、『エル・モニトール・レプブリカーノ』と非合法の新聞『一九世紀』の二つの新聞論説も、メキシコジャーナリズム史に残る論戦の端緒をひらいている。

(『エル・モニトール・レプブリカーノ』の論説)

——メキシコで民主的に国を統治した者はいない。国民が民主主義的でないからだ。また国民は自己の主権を行使するために、共和国大統領の許可を必要としていた。国民はコヨーテを前にした羊のような臆病者《おくびょうもの》である。

(『一九世紀』の論説)

——わが国にはディアス将軍の意向を反映させない如何なる共和国の意思も、国民の意思もない、彼に勝る権力も存在しない。民主的な制度をどこまで犠牲にしているのかを知っている大統領は、必要に応じた私的社会を維持している。これは、本来の彼の主張している共和主義者の見識とは思えぬ不条理な信念である。

このように論説は時代の潮流を映し出していた。世紀末の御用新聞『エル・インパルシアル』(皮肉にも紙名は、「公明正大」)と熾烈な存亡をかけた競争の結果、『エル・モニトール・レプブリカーノ』は廃刊に追いこまれた。このときこそディアス政権は国民の意識操作を完全に手中に収めたと言える。

当時信じられないほど権謀術数がめぐらされていた。ディアスは政治の本質を妥協と懐柔に求めていたビスマルクのような態度を示した。一般的に英雄を軽蔑している知識人(ディアスは彼ら「堅物」と称していた)を牛耳るには、彼らに議会の議席を提供し、その見返りとして権力側の味方につける方法があるのを彼は知っていたのである。「その雄鶏《おんどり》はトウモロコシを欲しがっている」という諺を、実践していた。

教会との和解

教会に関して言えば、彼の策略は実に見事であり、和解の政策を採用していた。ディアスは宗教関係者との不和に終止符を打つことを望んでいた。ディアスはレフォルマ法の実施に翻意を促すこともした。メキシコの教会は経済力こそなかったが、国民の精神的支柱と政治への影響力を回復していたことは明らかだった。

世論は次期大統領選挙再出馬を求めてディアスにひざまずく者も出るありさまだった。「平和の英雄」という彼の名の下で連日、贈り物、レセプション、宴会、セレモニー、行進、馬車パレードなどが催されていた。一八九七年には、ディアスの暗殺未遂事件も発生したが、彼の名声を傷つけることはなく、二〇年間にわたる喝采の独裁政権を維持していた。

一九世紀の終わり、自由主義で明るい気風みなぎるメキシコでは「政治抜きの行政」という言葉が広く使われていた。まさに、一八四六年にルーカス・アラマンが語った名言、すなわち「我々は議会を必要としない。少数の政策立案者だけが必要である」を想起せざるをえない。実際、ディアスは正確に、保守主義者アラマンの計画と自由主義者コモンフォルトの計画を融和的に実現し、夢のような進歩をもたらした。

それは一応、自由主義という正当性を建前にして、また一応、自由主義に徹するための秩序維持を図った結果であった。同時に、「クリオージョ」集団が決して実現できなかった国家統一の形態を、「メスティソ」集団が創り出した結果と解釈できる。かつて、夢にも想像しなかった国家の体制、すなわち、共和国の形態でありながら君主国のような国家形成が、一九世紀末から二〇世紀当初にかけて、メキシコでその第一歩が踏み出されたことになる。

ディアスの独裁政治

たしかに、ポルフィリオ・ディアスの時代には「平和と秩序と進歩」の空気がみなぎっていた。メキシコ独立戦争開始一〇〇周年記念祭の一九一〇年には、「イダルゴとファレスは、ポルフィリオ・ディアスに授ける冠を用意するため、以前からオリーブの木を植えていた」と演説をする熱狂的な者が出るほどであった。世論も祭りの雰囲気で「融合の政治」が成立したかのように錯覚していた。

ついに、ディアス自身がその錯覚を演出する張本人になり、かつてのレフォルマ戦争での自由主義者と保守主義者の対立は、ディアスが共和国の大統領に就任するとすっかり融和してしまい、多くの保守主義者が一九世紀を通じて夢にまで見ていた、絶対専制主義の終身独裁制が成り立ったと考えられた。

しかし、その融和は表面的なものだった。ガブリエル・サイードの言葉をかりれば、「自由主義国家の形をとりながら、実は偽装した極端な保守主義と独裁制とが一つになって呼吸しているかのように、国内には奇妙な統合がつくり出されていた。この状況は決して政治の円熟さを意味するものではなく、単なる混乱そのものにすぎなかった」ということになる。「二〇世紀に入り、独立戦争がメキシコという国にとって、どんな歴史の重みと意義があったのかを、忘れ去っていたようだ。または独立革命が引き起こした歴史的緊張はすでに解決したか、または、解決されようとしているのだと錯覚していたのかもしれない。少なくともそう判断していたと考えても不思議ではなかった。なぜなら、緊張とは、危機的事態を直視しながら、なんら対処できないときに生じる状態と言えるからだ。この時代は、過ぎ去った過去の革命と、緊迫している新しい革命の到来の間の時代だった。だが、彼らは歴史を線状にとらえていた」、とエンリケ・クラウセは言っている。さらにエンリケ・クラウセの考えを紹介してみよう。

メキシコにはアステカ時代の循環史観が存在する。メキシコの歴史というのは、複雑な概念が入り組みあって進展している。単に自由主義思想の方向に向かおうとするばかりではない。あらゆる社会階層の要求に応じて、過去からの離脱と、未来にかけた解放感が相乗効果を出して、根強い緊張感として循環してくる。

この観点に立てば、保守主義者と自由主義者が交互にメキシコの歴史の担い手になってきたことが理解できる。保守主義者は、スペイン文化とキリスト教文化を温存して、メキシコ独特の国づくりにあたった。自由主義者は、彼らを政争によって制圧したが、メキシコは決して自由主義的な国家になりきらなかったようである。

何年もの間、ディアス大統領を観察してきた小説家フェデェリコ・ガンボアは、彼の人物像については疑問を増すばかりであった。「いつも真剣そのもの、やらねばならないことは絶対にこなす。笑顔を見せることはなく長身で頑健なその体は病に臥《ふ》せることはなかった。ポーカーフェイスであったため、機嫌がよいのか、怒っているのかもわからず、まったく不可解な表情だ。感情を顔に出すことは念頭になく、言ってみれば、彼は怪物だった」。

ガンボアは、「ディアスは感情に麻酔をかけていた」とも語っている。彼に負わされた強大な権力がもたらす精神的な代償にちがいないとも言った。さらに、英雄とは、堅固な理念を自身に内包するか、もしくは夢想でもしない限り、神秘的とも言える権力への執着心が空しく尽き果てるものなのかもしれないと言っている。

一九一〇年、ディアスは八〇歳になっていた。軍事と政治活動に早くから頭角を現し、絶対権力を握って三五年が経過していた。同時代の多くの人は、その絶対権力がどのように形成されてきたのか、疑問を感じていたが、ディアスを観察する場合、先住民文化とミシュテカ人の血を引いている背景を見過ごすことはできない。つまり、彼の自意識が原動力であった。

ディアスこそ、メキシコ人が自己のアイデンティティを形成していくうえの途中経過の姿であったという推測が成り立ったと言う。それは彼の出自、つまり、先住民に始まって、メスティソの立場にいたるまでの変貌で、ファレスほど時間はかからなかった。ファレスは二重（言葉と宗教）の解放をした。ディアスは、ファレスほど純粋な先住民ではなかったため、メスティソという混血文化に早くから影響を受けていたと言われている。

記録写真からも彼の心のよりどころが変化していることが理解できる。無愛想な人民軍兵士の時代、インディオ風の髭をたくわえ活気あふれた将軍時代、勲章で胸元をいっぱい飾った血色の良い独裁者の時代……それぞれの写真にそれぞれの姿が映っている。

おそらく、ディアスの人物像の謎《なぞ》を解き明かす鍵《かぎ》は次の言葉であろう。それは家父長という言葉で、メキシコ人は野望だけは持っているのであるが、独り立ちできず、無責任な立場に居座り続けている「万年未成年者」のような人間であるとディアスは語ったと言われている。その長《おさ》であるポルフィリオ・ディアスの姿が映し出される。

ディアスはこんなことを語ったことがあったとフランシスコ・ブルネスは『ディアス将軍への追想』で述べている。「メキシコ人は郷土料理をたらふく食べて惰眠をむさぼり、権威をふるうパドリーノ（英語ではゴッドファザー）の使用人になり、仕事場に遅れて行き、病気

左上・インディオ風の髭をたくわえたディアス
右上・80代のディアス（1910年）
左下・盛装したディアス（1905年）(Foto Clío)

がちでわずかばかりの給料と休暇をもらい、闘牛を欠かさず見物に行き、遊興にふけり、パーティーにはいつも飾りたてた身なりで出席し、若くして結婚し子供をたくさんつくり、給料を使い果たし、祭祀や守護聖人のお祭りの前にはあちらこちらで借金をつくりそれで満足している。子だくさんの親は政府に絶対服従である。その理由は貧乏が怖いからである。社会で指導的な立場に立つメキシコ人からしてそうである。専制主義、抑圧、圧制が恐ろしいのではない。貧困が怖いからである。パン、住まい、服がないこと、ひもじい思いに耐えられないのである」。

民主主義の歴史が浅い国の人々は何をすればよいのか。それは厳しいけれどあまり横暴でない族長に従うことであった。

第八章　革命精神は死んだのか

ディアスの退場

独立戦争一〇〇周年

一九一〇年九月一六日の独立戦争一〇〇周年は、二重の喜びで首都は賑《にぎ》わっていた。午前中は首都をはじめ各地方都市で、宴、式典、ガーデンパーティー、ケルメッセ（都市部で行われる自転車レース）、山車《だし》が繰り出したパレードなどがあり、夜になるとライトアップされたコロニアル風様式の建物のなかで、優雅な舞踏会やレセプションが催され、文学の夕べや演劇祭も開かれた。この豪華な祭典にはメキシコと外交関係があるほとんどの国から外交官や特派大使が馳せ参じ、スペイン大使はモレーロスの形見の国旗、軍服などを両国の友好の印としてディアスに返還した。フランスからは一八六三年にフォレイ陸軍元帥が持ち去った「メキシコシティの鍵」を返還された。アメリカ合衆国に持ち去られたもの――領土――は何も返還されなかったが、アメリカの代表団は恒常的に不信感を抱く隣国に対し明らかに友好的な姿勢を示した。しかし、ポルフィリオ・ディアスはこの両国関係をなに一つ忘れていなかった。彼は権力の座についてから慎重にまた効果的にこの恐るべき「北方の巨人」アメリカ合衆国と外交関係を展開した。ディアスに追放されたレルド・デ・テハダ前大統領は「弱者と強者の間に砂漠がある」と常々言っていたが、ディアスはその強者から領土侵略の代わりに投資を呼び寄せた。鉱業、鉄道、銀行、石油開発、農業などの分野にアメリカ合衆国は制限なしに投資した。現在のラテンアメリカ諸国でアメリカ合衆国の経済面に占める影響力を考えると、それらの投資は興味ぶかい伏線のように思える。

一九〇四―〇五年の日露戦争のあとに日本帝国との外交関係を緊密にして、メキシコが全方位外交に努めたのもこの頃であった。日本とメキシコの外交関係は、一八八八年に日墨修好通商航海条約が調印され、明治天皇とポルフィリオ・ディアスが署名し、翌八九年、ワシントンで批准書が交換されてはじまった。一八七四年（明治七年）にメキシコ金星観測隊が横浜を訪問したあと、その報告書を一行の隊長が書いた『日本旅行記』は、詳しい日本事情を政府に提供したと言われている。また、一八九七年に日本から榎本《えのもと》武揚《たけあき》によって最初の農

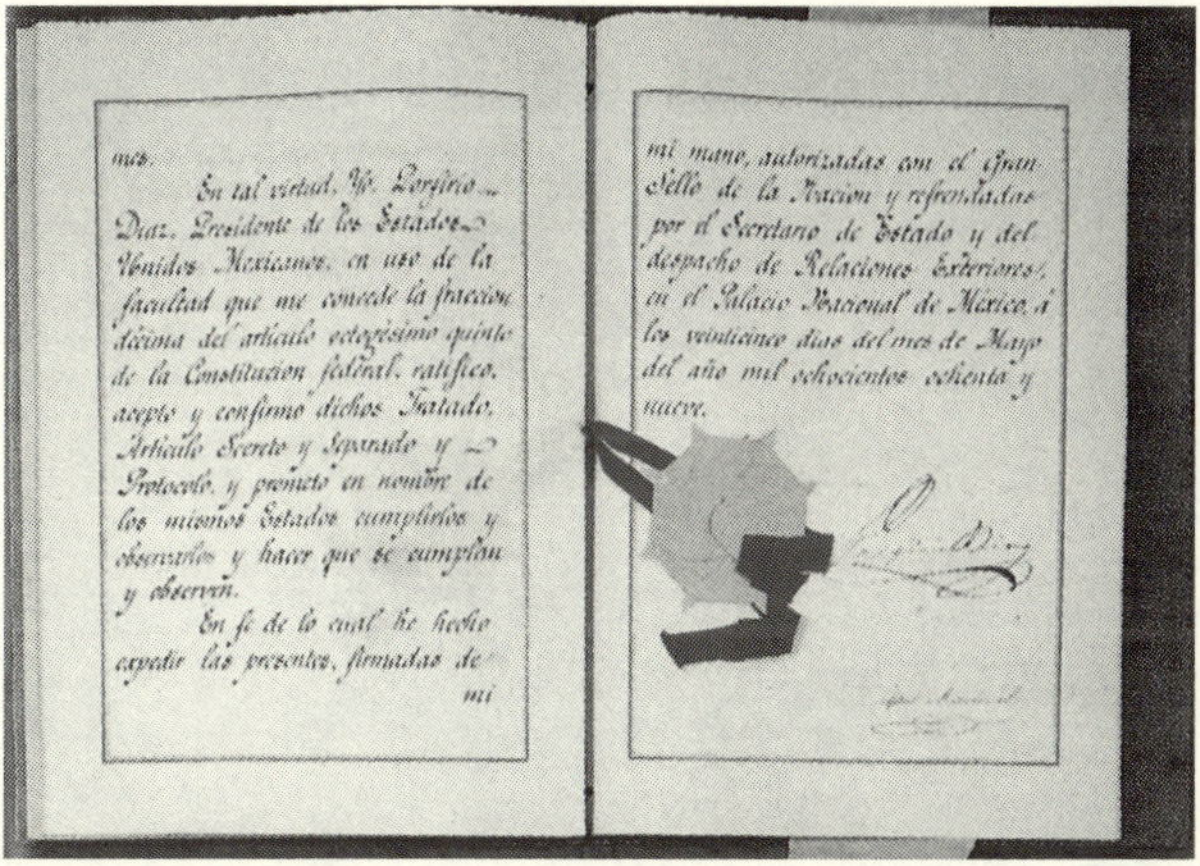

nes.
En tal virtud, Yo, Porfirio Diaz, Presidente de los Estados Unidos Mexicanos, en uso de la facultad que me concede la fraccion décima del artículo octogésimo quinto de la Constitucion federal, ratifico, acepto y confirmo dichos Tratado, Artículo Secreto y Separado y Protocolo, y prometo en nombre de los mismos Estados cumplirlos y observarlos y hacer que se cumplan y observen.
En fe de lo cual he hecho expedir las presentes, firmadas de mi

mi mano, autorizadas con el Gran Sello de la Nacion y refrendadas por el Secretario de Estado y del despacho de Relaciones Exteriores, en el Palacio Nacional de México, á los veinticinco dias del mes de Mayo del año mil ochocientos ochenta y nueve.

日墨修好通商航海条約批准書　ディアスの署名が見える

業移民三四名がチアパス州に移民し、「榎本殖民地」を建設したが成果はあがらなかった。

メキシコは日を追うごとに次々と新しい建物の建設や事業を進め、ながい間メキシコ人の生活を特徴づけていた後進性から脱却した国の姿を見せつけた。ディアスが一八七六年に権力の座について以来、この国で定着させてきた社会基盤整備は称賛されたのである。

たとえば、港湾設備、鉄道網の拡張、電信電話、郵便の完備などである。首都メキシコシティでは、学校、孤児院、病院、留置場の施設の機能が始動しはじめていた。それらの設備は最も近代的な水準に達していた。社会騒乱と同じくらいメキシコでは頻繁に起こる大地震に対しても一九世紀以降、研究が進んだ。下水処理は膨大な費用がかかるものの、一五二一年に征服者エルナン・コルテスがアステカ時代の湖沼の上に建てた都市を首都として選んだとき以来の最大の問題――水害――の解決を、下水道や運河網を張りめぐらせて容易にした。

社会の不満

歴史の英雄を礼賛する一〇〇年祭の厳粛な空気のなかで、ポルフィリオ・ディアスは国立宮殿の一〇〇年祭祝典の演説台に立ち、メキシコの歴史を簡潔に要約しながら話しだした。「メキシコ人は努力して、無政府状態から脱して平和国家へ、窮乏から富んだ国へ、軽蔑されていた国民から信頼される国民へ、国際的な孤立から世界の諸国と友好を結び理解される国へ変えた。一国の一〇〇年の歴史として、我らの努力は小さいものだろうか」。彼の持論にも一理はあった。彼の国家が達成したことは誰一人、過小評価しなかったからである。

しかし、ディアスは歴史をよく理解していなかった。なぜなら、それまでの長いディアス政権で積み残されてきたこの国の社会的不満を解消できず、独立戦争一〇〇年祭の直後から、それが一気に革命として噴出することを予期しなかったからである。メキシコは託された変革精神を完全な和解にいたらせる手段を選ばず、暴力的で悲劇的な、革命という手段で前面に押し出し、要求を炸裂《さくれつ》させたのである。解消できずに残った社会的不満とは民主主義の実践であった。

革命のきざし

この国に民主主義が定着しなかったのには三つの原因が考えられるという。第一に、社会に対する教会と保守主義者の寛容の欠如と改革精神への抵抗。第二に、自由主義に立脚した政策を支える強力な中間層の欠如。すなわち、すべてを持つ少数者と何も持たない大衆との間の社会階層が欠けていた。第三に、二人の政治家の責任。つまり、ファレスとディアスが民主主義の実践を引き延ばし、自由主義的な形態だけを維持して、結果的に保守主義の政治を定着させてしまった点ではないだろうかと考えられている。

一八九九年に歴史家フスト・シエラは、ディアス大統領に書簡を送っていた。六期目となる「大統領選への再出馬は終身大統領を意味し、共和制というみせかけの下で選挙を実施して一種の君主制を堅持しようと企《たくら》んでいるようです」と、大統領再選がもたらす重大な危険性を警告していた。

一九〇三年になるとはじめてディアスの批判勢力が結成された。オアハカに生まれたリカルド、エンリケ、ヘススというフローレス・マゴン家の革命運動家三人が、『レヘネラシオン』（「刷新」）という新しい新聞を発行して「憲法精神は無視された」と訴えたが、ただちに彼らは弾圧されて国外追放された。

一九〇六年になると反政府運動は労働組合にも飛び火した。メキシコ北部のソノラ州にあるアメリカ人資本家が経営していたカナネア鉱山の労働者が、外国人、とくにアメリカ人労働者とメキシコ人労働者との賃金格差を問題にして、これまでに前例のないストライキを行った。

ベラクルス州でフランス人が経営していた紡績工場では、フローレス・マゴン兄弟が労働組合を仕切っていたが、一九〇七年には労働者の待遇改善を要求して六〇〇〇人の労働者のストライキが起こった。長期にわたる流血の闘争になったが、今回はディアスの仲裁は成功しなかった。しかも、これは単発的な反動でも労働者階級に限定されたものでもなかった。国の中心部において何かが始まる気配がみえた。革命思想が国全体に拡散して阻止できなくなる前兆であった。

このことを誰よりもよく知っていたのがディアスであった。しかし、彼は一九〇七年のメキシコはまだその状況に到達したとは判断していなかったようだ。その証拠に、アメリカ人ジャーナリスト、クリールマン記者が取材した『パーソンズ・マガジン』一九〇八年三月号の単独インタビュー記事、「ディアス大統領、アメリカ大陸の英雄」のなかで、当時七七歳になったメキシコの主は祖国について次のように語っている。「長期間にわたって同じ人物が大統領であるからと言って、メキシコの民主主義の未来が危機に陥っていると考えるのは早計である。民主主義についての抽象的な理論とその実際の適用に隔たりがあるというのはしばしば見受けられることだ。また、問題は国民が民主主義と政治について、あまり意識していないということだ。一般的にメキシコ人は個人の利害について必要以上に執着するが、他人の権利についてまったく目を向けようとはしない。自分の特権については考え、義務については顧みない。メキシコに民主主義は成熟しているし、いずれその実を結ぶだろう。現在の任期が終われば引退して二度と再選には応じないつもりでいる。大統領の座にいつまでも居座り続ける考えはない」。

ワシントンにおいてはこの会見の報道は大反響を呼んだが、多少疑いの目を向けられることもあった。メキシコでも大きな波紋を呼び起こした。年老いた独裁者に真意を質《ただ》す必要があったからだ。

象を殺した細菌

一九〇八年、コアウイラ州で一人の若き富豪の地主が民主主義実現のために戦い続けていた。フランシスコ・マデロ（一八七三―一九一三）がその人物だ。彼は『一九一〇年の大統領継承』という一冊の本のなかでディアスの族長的な政治体制を否定している。

彼は一九〇三年から民主主義の再生という計画に着手してきた運動家であった。ある意味でパリにいるときに読んだ数々の古典から影響を受けたと言ってもよい。ゲーテやJ・J・ルソーの作品、一七世紀スペインのメルセド修道会士で当時の政治的権力者オリバレス伯公爵と対立した劇作家ティルソ・デ・モリナ、スペインを代表する一七世紀の劇作家で司祭でもあったロペ・デ・ベガなどがあげられる。一九〇九年にマデロは決定的な手段に訴えた。「大統領再選反対国民党」を結成し、一九一〇年の大統領選挙めざして自ら立候補する決意をしたことだ。まもなくアメリカ合衆国の選挙遊説のやり方でメキシコ全国を回った。メキシコでは例のないことであった。「細菌が象に戦いを挑んだようなもの」とマデロの祖父、エバリスト・マデロは形容したほどである。

マデロはベニート・フアレスのように忍耐強さを知っていたし、メルチョール・オカンポのように極端に自立心が強かった。立候補したことを知ったディアスは「とうとう、フランシスコ君は気が触れてしまったのか」と言い放ったとされている。早速、ディアスは国防長官のベルナルド・レイエス将軍を彼の当て馬の大統領候補に仕立てる。候補者はメキシコ北部における永年の腹心であった。

レイエス将軍は立候補声明をしたがその後に大統領が引退を撤回し、ヨーロッパへ外交使節として派遣されて事実上国外追放されてしまった。しかし、「レイエス派」はその後も保守勢力の中核として一九二〇年、ベヌスティアーノ・カランサ大統領が暗殺される頃までメキシコの守旧派として根強い勢力を持ち続けていた。

このようにして年老いた独裁者は一九一〇年七月、「天の声」で指名された者のように立候補した。その結果、明らかに不正選挙をしてフランシスコ・マデロを退けた。一九〇四年に七期目の大統領に就任したときから任期は六年に延長されていたので、もし、一九一六年まで続く八期目の任期を全うしていたら八六歳に達していただろう。フランシスコ・ブルネスは皮肉をこめて言った。「一流の独裁者とは、国の権力のみならず、寿命まで延ばすほどの稀な生き物だ」。

メキシコ独立戦争一〇〇周年の一九一〇年は、市民革命の始まりであった。

フランシスコ・マデロの投票風景
（1911年）(Foto Clío)

エミリアーノ・サパタ（Foto Clío）

民主主義の使徒

大統領選挙投票日のひと月前に、公権力に対する侮辱と政府転覆の嫌疑で逮捕されたフランシスコ・マデロは、候補者として大統領選挙に立候補する資格をなくしサン・ルイス・ポトシ市の刑務所に投獄されたまま選挙は実施された。ディアスの再選が決まって釈放されて国外追放になると、アメリカ合衆国のテキサス州サン・アントニオに向かいそこから大統領選の違法性を訴え、一九一〇年一一月二〇日、ディアス打倒の革命開始を民衆に呼びかけた。

マデロを支持する勢力はメキシコ各地に広がり、モレーロス州のエミリアーノ・サパタをはじめ、チワワ州のフランシスコ・ビージャやミチョアカン州、イダルゴ州、サン・ルイス・ポトシ州、サカテカス州などの地方ボスはディアス圧政に対抗する反乱部隊を編成して、長年の独裁者に社会改革を挑んだ。だが、後に述べるように革命は長期化した。その背景には、革命当初から独裁政権を打倒することで一致していたものの、革命勢力の陣営には、まず、コアウイラ州の豪族のマデロが求めていた民主主義にもとづく政治改革があったいっぽうで、農地改革を実施して大土地所有者から土地を奪還するような社会変革を求めていた地方ボスもいて、革命精神において隔たりがあったことがあげられる。この二つの路線の違いを理解することは、メキシコ革命が長期化したことを知るうえで欠かせない。

パリのモンパルナスにあるディアスの墓
(Foto Clío)

マデロは、伝統的なカウディージョ、ポルフィリオ・ディアスに代わる新しいカウディージョとして登場した。レフォルマ改革時代の自由主義者の理論闘争と、一八五七年憲法精神を再び採用したので「民主主義の使徒」とまで称せられた。こうして、メキシコで歴史上最大規模の革命が始まる。農民も武装しゲリラ活動を続け、ついに、ディアスは一九一一年五月に打倒され、国外追放された。ベラクルス港からドイツ船籍イピランガ号に乗りフランスに亡命して、一九一五年にそのままパリで没した。一九一一年一一月に大統領に就任したマデロは、二〇世紀メキシコに彼なりの民主主義を樹立しようと実験を試み、一五ヵ月間政権を維持した。

メキシコ革命

悲劇週間

マデロ政権下でメキシコは民主主義で近代的な政権継承をする政治体制に国を移行させて、かつ正当性を軸とした政治的活力を生み出す、民主的ブルジョア革命へ向かっていくようにみえた。しかし、まもなく、ディアスの腹心で亡命する大統領をベラクルス港まで護衛したウエルタ将軍（一八五四―一九一九）が、マデロを打倒する反政府軍を組織するようになった。

マデロ政権になって守旧派からの抵抗で国内政情に不安要素が増幅されてくると、米国はメキシコ駐在ウィルソン大使を介して、メキシコ在住の米国人の資産を保護する口実で、守旧派のウエルタ将軍と合意して政府転覆を画策した。かくして一九一三年二月九日にマデロ大統領は反政府軍により大統領府に軟禁された。そのため同月一八日までの間、首都は政府軍と反乱部隊が引き起こした騒乱状態となり、多くの市民が犠牲者となった。

かつてアメリカ合衆国のタフト共和党政権（一九〇九－一三）は、ドイツがウエルタ将軍に武器・弾薬を援助したとき、民主主義の理念に従ってそれに対抗し、マデロを支持していたが、このときウィルソン民主党政権（一九一三－二一）は、民主主義の理念に反したウエルタ政権の台頭を黙認する。かくしてアメリカ合衆国は矛盾したメキシコ革命への干渉政策をとった。

ついに、マデロ大統領は二月二二日に、反政府軍により大統領官邸から連れ出されて銃殺された。大統領の身柄拘束から銃殺までの期間は「悲劇の一〇日間」と言われている。矢作《やはぎ》俊彦《としひこ》の小説『悲劇週間』には、この事件で身の危険を感じたマデロ家の人々を保護した在メキシコ日本国大使館の様子が描かれている。小説の巻頭言にオクタビオ・パスの次の言葉が紹介されている。「メキシコ革命には思想などはない。それは現実の破裂だけである」。この言葉はメキシコ革命の開始とその後の権力闘争の展開を端的に表している。

このように始まったメキシコ革命は統一した改革路線を追求するよりというよりむしろ、新たな革命勢力と権力者が次から次へと交代し、それまでの政敵を妥協を許さず排除するという現実主義を貫いた闘争のように私たちには映る。ディアスの政権はあまりにも長期化したため、崩壊した直後の国内の混乱は権力の争奪戦となった。この点が、メキシコ革命には明確なイデオロギーと、偉大な理論家が欠如していたと批判されている背景であろう。さらに、革命初期のフローレス・マゴン兄弟や、法律家で財務大臣（在任一九一四－一七、一九一二〇）を二度務め、大統領再選反対国民党から一九三三年に大統領候補として立候補し、一九一七年憲法の第二七条（地下資源の所有権は国家に属するなどを規定）立案に参画した、革命後期のルイス・カブレラのような人物でさえ、理論家というより倫理観を強調した人物だったという見方もある。まさに彼らは、相手に妥協してしまえば自らの主張する改革精神は破滅してしまうと考えて、政敵には自己の立場を決して譲らず、反対勢力には武力を行使しても対抗姿勢をとった。こんな改革精神が、メキシコ革命と呼ばれた力に訴える改革の時代を生み出し、緊急性を帯びた形で現実化していった。

メキシコ革命の流れ

メキシコ独立戦争は一八一〇年に開始され、独立が達成されたのが一八二一年であるので一一年間かかったことになる。これに対してメキシコ革命の期間については、研究者の間では一九一〇年から一九四〇年までの三〇年間を革命の「期間」とみなす説もあれば、一九六〇年までを含め、一九四〇年から六〇年までを革命の「進化」の時期と考える説もある。

メキシコ革命の進展を整理してみると、次のように二期に区分できるようである。

第一期

「第一期」は、文字通りポルフィリオ・ディアス長期独裁政権に対して、フランシスコ・マデロが大統領継承問題で強い抗議行動を開始した一九一〇年に始まり、カランサ大統領が暗殺された一九二〇年までの期間。

まず一九一〇年一一月二〇日に投獄されていた刑務所のあったサン・ルイス・ポトシ市でマデロが発表した「サン・ルイス・ポトシ計画」は、「有効なる投票、大統領再選反対」というスローガンを前面に出し、長期政権のディアス大統領打倒を呼びかけて革命が始まった。翌年五月一五日に三五年間のディアス独裁政治が終焉《しゅうえん》するとディアス大統領はフランスに亡命した。

革命が成功すると、第一に政治の民主化を求めた要求は達成されたが、社会改革を二義的にしか考えなかったマデロ政権と、農地改革を求めたサパタ派の農民集団との間で対立が極まった。社会動乱が深刻化すると、旧体制派が勢力を挽回して前述したウエルタ反革命政権が樹立された。

そのあとに立憲主義を掲げて革命動乱期を制し、ウエルタ政権を打倒したのが、メキシコ北部のベヌスティアーノ・カランサ（一八五九―一九二〇）を中心とした勢力である。この勢力は、それまで疎外されてきた人々、反独裁政権主義の州知事や地方有力者、少数派ながらも芽生えてきた批判的な社会の中間層からなり、加えてこれまで権利を無視されてきた階層の人々、農民は土地所有にまつわる権利の奪還を訴え、労働者も賃金交渉や労働条件改善などの法的保護を主張した。そんな権利を保障したのが、一九一七年憲法である。この憲法は、憲法制定議会の二二〇名の代議員により起草され、全九部一三六条からなる反教会主義と民族主義が盛り込まれたものだった。

一九一七年憲法の雛形《ひながた》となった一八五七年憲法の精神を尊重するグループは「護憲派」と呼ばれる陣営を構成し、そのなかから一九一四年に暫定大統領になったのがカランサであった。

いっぽう一九一四年以降、農地改革を強く求め、急進的なメキシコ革命を断行しようとしたアグアスカリエンテス会議を主催した革命勢力は、民衆から強い支持を受け「会議派」と呼ばれていた。ビージャやサパタはその代表者であった。しかし、一九一五年以降、カランサ政権からは反政府勢力として革命軍の残党とみなされるようになった。

一九一七年に正式に大統領に就任したカランサが、後継大統領に駐米大使のイグナシオ・ボニージャスを指名したとき、アルバロ・オブレゴンやソノラ州知事のアドルフォ・デ・

ラ・ウエルタはソノラ州で「アグア・プリエタの乱」を決起し、カランサ政権打倒の蜂起を呼びかけ、逃走中のカランサをプエブラ州の山中で一九二〇年に暗殺した。メキシコ革命開始から一〇年間が経過していたこの時期からは、サパタやビージャが指揮するような革命武力闘争路線は無力化していき、革命「第一期」は幕を閉じる。

第二期

「第二期」は一九二〇年にソノラ州のアルバロ・オブレゴン（一八八〇―一九二八）が大統領に就任して始まり、一九一七年憲法が唱える反教会主義が強まった時期で、一九四〇年までの期間となる。

まず、メキシコ社会の根底に根強く浸透していたカトリック教会を支持していたハリスコ、ミチョアカン、サカテカス州などの信者は、政府と教条上の対立を理由に、地域の武装勢力を結集した。武力闘争を展開したクリステーロの乱（一九二六―二九年）である。これは保守派と、一九一七年憲法を支持した改革派の形を変えた対立であった。

カトリック教会を国家の管理下に置き、政治的影響と教会資産を国有化することはレフォルマ改革では完全に果たせなかった。しかし、一九二四年に大統領に就任したプルタルコ・エリアス・カージェスが制定した一九二六年の「カージェス法」の施行で、国家と教会は厳

ベヌスティアーノ・カランサ（右）とアルバロ・オブレゴン（Foto Clío）

然と分離され、教会勢力を抑圧したので、教会と国家は全国を戦場として三年間も武力対決しなければならなかった。このクリステーロの乱は、アメリカ合衆国と最高裁判所の仲介で解決したが、国民同士が殺傷しあう凄惨《せいさん》な事件となった。一九二九年に教会側が譲歩して、宗教の非政治化が確認されたことで、メキシコ社会に強い影響力を持っていた教会の弱体化は顕著になった。この状況を受けてメキシコはローマ教皇庁と外交関係を断絶し、一九九二年の憲法修正によって反教会主義的条項が緩和されるまで続いた。

このように、メキシコ革命は完成品として生まれたものではなく、それは試行的な運動であった。同時にきわめて暴力的な運動でその破壊力と代償は無視できない。

メキシコ革命は三つの目標、すなわち、マデロが唱えた政治的自由、ビージャやサパタが求めた農地改革と、カランサとオブレゴンが調停した労働者の組織化を追求した。石油や鉱山産出物のような地下資源の国有化などを主張した民族主義的な精神もメキシコに芽生えはじめた。多分、キューバ革命を除いて、このような革命は他のラテンアメリカ諸国では起こっていないし、同時期に起こったロシア革命や中国の辛亥《しんがい》革命と比べられるのもこのためである。

先に述べた革命の「進化」にあたる時代に大統領となり、メキシコ大統領としてはじめて一九六二年に来日したロペス・マテオス（在任一九五八―六四）も大統領選挙戦の遊説で、革命精神について次のように述べていた。

「メキシコは今、種々の歴史的段階がわが国に残してきた基本的原則を再確認している。一八一〇年の独立戦争、一八五七年のレフォルマ改革、および一九一〇年のメキシコ革命は、同一の国家構造が持つ異なった側面、すなわち、人間的自由、政治的自由、および経済的自由の表れであり、これらすべての自由は、メキシコ人の至高の願望である。この目標の達成に通じる措置が長期を要する場合には、効力は変化するし消滅するものである。しかし、革命の理念は現在も生きている。そして将来においても引き続きわが国の運命を方向づけていくのである」。

自分を革命精神と同化させたいと望んでいた制度的革命党の代弁者が、こんなふうに巧みなレトリックを用いてメキシコ革命を一九六〇年代に判断していたことを知るのは興味ぶかい。こう考えてみるとメキシコ革命は長い歴史的運動であった。新しい権力の側が一方的な手段で旧体制を短期間に打倒することもたしかに革命であるが、革命精神の変遷と進展が複雑であると、その背後に横たわる多くの問題が組み合わされるので、メキシコ革命のように長期化していくこともあるのだろう。

革命の英雄——ビージャとサパタ

マデロとカランサはメキシコ革命時代の英雄であるが、彼ら以外にも異色の人物が二人いる。フランシスコ（通称パンチョ）・ビージャ（一八七七—一九二三）と、エミリアーノ・サパタ（一八七九—一九一九）である。二人はいずれも暗殺された。

パンチョ・ビージャはマデロとカランサの二人の大統領と比べると民衆と密着していたメキシコ革命の闘士であった。農民と労働者はメキシコが独立してからもこの国のなかで常に社会の周縁にあって、国家の変化と進歩に直接組み込まれなかった人たちであった。

大統領の椅子に座るフランシスコ・ビージャとサパタ（右隣り）
(Foto Clío)

パンチョ・ビージャの出生はよく知られていないが、メキシコ北西部のドゥランゴ州に生まれたと伝えられている。当時、メキシコ辺境の北部諸州は人口も少なく、もう一人の英雄エミリアーノ・サパタが活躍していたメキシコ中西部モレーロス州の農村地帯と比べても、この地域は国の変遷や国政への関与の度合いは著しく限定されていた。さらに、アメリカ合衆国と接する国境地帯は一九世紀になっても攻撃的なアパッチ人の襲撃に力で徹底抗戦せざるをえないため、敵への対抗気質は激しいものがあった。ビージャはポルフィリオ・ディアスが四期目の大統領に就任した前年にあたる、一八九一年頃にはメキシコ辺境地帯で家畜泥棒、略奪者としてすっかりその地域で悪名をとどろかせていた人物で、この地方の野放図な気性を持ち、力による制圧を第一とする代表的な男だった。

しかし、メキシコ革命が始まった一九一〇年頃には、ビージャはチワワ州で社会や政府から抑圧されていた階級の人々の側に立つ正義感の強い救世主に変身していた。ビージャがリオ・ブラボー（グランデ）河の国境付近で動向が注目されはじめた時代とは、アメリカ合衆国西部ではまだ駅馬車全盛時代で無頼漢が横行していたころである。バッファロー・ビルやカスター将軍、ワイアット・アープ保安官がその名を知られていた時代である。ビージャも英雄と言われたのは単に、資産家から金品を略奪して貧しい人にそれを分け与えていたからである。ヘラクリオ・ベルナルも同時代の「お尋ね者」でドゥランゴやシナロア州でもっぱら鉱山主や富豪から土地や金品を略奪していた。日本風に言えば任侠道《にんきょうどう》に生きた伝説的人物であった。ジョン・リードは一九一四年に書いた著書『反乱するメキシコ』のなかで、正義感の強いビージャこそ「メキシコのロビン・フッドだ」と称えている。

マデロが暗殺される前、チワワ州でパンチョ・ビージャは彼と会見している。会談を通じて、それまで無法者であった自分の生涯を悔やみ、メキシコ革命に加勢すれば、自分が社会で抑圧されてきた階級の人々を救済してきた行状を、さらに正当化することにつながるだろうと自覚したようだ。

ビージャの人格については、多くの人がさまざまな意見を述べているが、「同質二像」と

笑顔を見せるビージャ (Foto Clío)

いう結論に達する。ジョン・リードは「今まで会った人物のなかで最も自然体の人であった。自然体とは野生の動物に近い人間という意味である」と言う。ホセ・バスコンセロスは「野獣のようだが、爪の代わりに機関銃と大砲を用いた」と人物批評をした。当時メキシコに駐在していたイギリス領事、パトリック・オヘアは「筆舌に尽くしがたい人物だ」と語り、困苦を突き破るときの猛烈な行動力、敵への無慈悲なほどの残虐性、困窮者に対する雅量、恒常的な他人への不信感、不意に見せる天真爛漫《てんしんらんまん》さが複雑に入り交じっているからだと言う。ビージャの列伝『パンチョ・ビージャ』を書いたラモン・プエンテは、ビージャの晩年に妻となった女性の一人、ソレダ・セアニェスの言葉を記録している。「フランシスコは不快なときはまったく手をつけられない人であったが、上機嫌なときはまるで別人と思えた」。

このようにビージャは、ポルフィリオ・ディアスを打倒したフランシスコ・マデロの革命精神にあい通じる使命感を引き継いで、法律、慣習、富の不当な分配構造、すなわち、メキシコ社会に根づく不正に異議を申し立てた「野獣」だった。政治には不向きな男だった。彼にとって正義とは、政敵を根絶する容赦のない弾圧で、野獣と天使が体のなかではかたく結びついていたことになる。メキシコ革命が希求した改革の目的を、協調性に欠く唯我独尊で推し進め、民衆に支持されたが不寛容だった英雄こそ、パンチョ・ビージャであった。

これらのビージャの記録は、メキシコ革命の軍事面で戦略家として本領を発揮したビージャが、アルバロ・オブレゴンとベヌスティアーノ・カランサに会った頃のことである。ビージャが会ったこの二人は、二人とも後に大統領になったが、両者も刺客による犠牲者となった。

行進曲サカテカス

首都メキシコシティを縦貫している主要道路の一つで、最近になってその名称が改称されるまで「北部方面師団」という名の通りがあった。その師団の司令官がビージャであったことからこの名がついたが、メキシコにどれほどビージャの存在が親しまれているかの証左であろう。ビージャの武勇伝は単なるカリスマ性をしのぐ「偶像崇拝」の域に達していた。めまぐるしい超人的軍歴から「ケンタウロスのようだ」と形容されていたのも不思議ではない。

メキシコ革命のあとビージャ率いる革命軍は、マデロ政権を打倒したウエルタ将軍の反革命軍と、各地で戦った。激戦地サカテカス州やトレオン市、シウダ・フアレス市での闘いはビージャの勇猛さをよく示した。

メキシコの国歌については第四章で述べたが、「行進曲サカテカス」はメキシコ革命を思い出させる名曲でそのリズミカルな曲から第二のメキシコ国歌として今でも人気がある。この曲名は、コアウイラ州のトレオン市からサカテカス州への革命軍の進軍を想起させる。曲想からは、メキシコ北部荒涼地帯を進軍した革命軍の先頭に、国民服をまとい弾帯をタスキがけにして、ソンブレロをかぶり、馬にまたがったパンチョ・ビージャの勇姿を連想させる。守旧派のウエルタ政権をメキシコ北部の戦線で敗北させた行軍などはビージャの活躍を抜きでは語れない。西部劇さながらのビージャの活躍は、米国の映画会社 Mutial Film Corporation によって行軍が一九二〇年代に実録され、モノクロの無声フィルムとして公開されたことにより、大いに話題になり、当時のメキシコ国民の多くが劇場に通ったと言われている。この映画への出演契約により、ビージャは巨額の軍資金を得ることができた。

エミリアーノ・サパタはもう一人の英雄だった。大地ほど農民にとって神聖化されたものは他にないと考え、なによりも農地改革に邁進《まいしん》した。不法に占拠された村の共有地と水利権の返還、土地なき農民への土地の再分配など、モレーロス州で宣言した「アヤラ綱領」にみられる改革基本方針などを立案した。急進的なサパタの革命思想に「無政府主義的な戦略と、宗教的神秘主義がひそんでいる」と批判する意見もある。

メキシコ文化革命

ビージャが活躍していた頃と言えば、一九一四年に第一次世界大戦が勃発《ぼっぱつ》し（メキシコは中立国であった）、一九一七年のロシア革命、一九二〇年には国際連盟の発足、一九二二年はソビエト社会主義共和国連邦の成立、一九二九年には世界恐慌が始まった頃である。

メキシコ国内では一九二〇年代に入ると、ディエゴ・リベラ（一八八六―一九五七）、ホセ・クレメンテ・オロスコ（一八八三―一九四九）、ダビッド・アルファロ・シケイロス（一八九六―一九七四）らを中心とする画家が、公共建造物の内部や外壁に描写した壁画を通じて、メキシコ古代文明時代からメキシコ革命精神まで造形美術を通した歴史教育が行われた。この教育を推進した国立メキシコ大学長を務めた文化人、ホセ・バスコンセロス（一八八一―一九五九）が公教育省長官に就任すると、一九一七年憲法の影響もあってこれまでの教会色の強い教育制度を、国家が教育課程と方針を管理する体制へと改革にのりだした。先住民と古代文明に対する関心も高まり、先住民を国民文化に融合させようとした運動（インディヘニスモ）も活発化した。バスコンセロスはラサ・コスミカ（普遍的人種）というスローガ

ディエゴ・リベラ「メキシコの歴史」(部分。国立宮殿、1929－35年作)(Desmond Rochfort, *Mexican Muralists*)

ンを提唱して、メスティソ文化、混血人種の優越性を主張してメキシコ国民のアイデンティティの明示を主張した。このような民族意識の高揚と多民族国家の統合のために大きな成果をあげたのが、この壁画運動である。識字率の低い階層の人々にも造形美術は教育的効果が高かった。

すでに二〇世紀はじめには青年文芸協会（アテネオ）も創設されていたので、フランスから影響を受けた実証主義研究者を生み出している。バスコンセロスと同時代に、考古学のアルフォンソ・カソ（一八九六―一九七〇）、スペイン市民戦争の亡命者の一人で思想家のアルフォンソ・レイエス（一八八九―一九五九）、労働者支援組織の結成を支持したビセンテ・ロンバルド・トレダーノ（一八九四―一九六八）、法律家のフスト・シエラ（一八四八―一九一二）、歴史家のダニエル・コシオ・ビジェガス（一八九八―一九七六）などを輩出している。革命文学の分野では、革命で戦った先住民を描いた『虐げられた人々』のマリアーノ・アスエラ（一八七三―一九五二）、『領袖《りょうしゅう》の影』を書いたルイス・グスマン（一八八七―一九七七）などの活動は、メキシコ文化革命と言えるような時代を確立していった。壁画家リベラは一九二八年にフリーダ・カーロ（一九〇七―五四）と結婚した。彼女はシュルレアリストの画家であり、夫妻とも共産党員として平穏でない結婚生活をしたが、苦痛の根本を夢想した画風は「フリーダの闘い」として評価を受けている。

第九章　現代メキシコ

ゆれうごくメキシコ

歴史的冒険

メキシコ革命「第一期」に、この国はどのように改革されたのだろうかとふと考え込んでしまう。改革路線を遂行するというより、次は誰が革命政権の権力者になるのか、そんな権力闘争に変形した印象がぬぐいきれない。この問いかけにたいして、歴史家ダニエル・コシオ・ビジェガスは、メキシコ革命とは「一九一〇年にメキシコが挑んだ、ディアス政権を打倒する一つの危機に満ちた歴史的冒険であった」と言った。冒険は実行することに意義を見いだすし、たしかにメキシコは革命によって、長期独裁政権に終止符を打ったことはまちがいない。

ディアスを倒したマデロ革命政権は守旧派のウエルタ将軍に打倒され、そのウエルタ反革命政権はコアウイラ州知事であったカランサの勢力に敗北し、そのカランサは一九一四年八月に暫定大統領に就任した。そのとき首都に凱旋するカランサにサカテカス州から同行するのは当然のことと思っていたパンチョ・ビージャは、自分に従う兵士をサカテカス州から首都に移動する輸送用列車の燃料補給が必要であるとカランサに要請したところ、意外な回答を受け取った。その申し出は拒否されたのである。ビージャより信頼していたソノラ州出身のアルバロ・オブレゴンの到着準備を優先したためだとされている。そのためビージャの首都凱旋はサパタと同様、カランサとオブレゴンより大幅に遅れることになった。

ビージャとオブレゴンの会見

その年の九月一六日の独立戦争記念日に、オブレゴンはカランサの使者としてチワワ州に出向きビージャと会見した。カランサとビージャは革命の同志であったが、首都凱旋をめぐって二人の間に生じた敵意を、オブレゴンが解消しようとする意図があったからだ。そのオブレゴンの思惑に反して、新たにこの使者との間に確執が生じたのは、ビージャがその時期にすでにカランサの政敵となっていて、そのうちに抹殺される運命にあるとの情報を会見前に察知していたからであると言われている。しかし、ビージャ自身はカランサの対抗馬として大統領になる意欲はまったくなく、彼が信頼していた革命児、フェリペ・アンヘレス将軍がその地位にふさわしいと考えた時期が以前あっただけである。ビージャの意図が誤解されたため、それまで緊密な関係にあったオブレゴン陣営から新たな敵意を向けられ、この会見場所で両者はあわや武力衝突に発展するほど険悪な状況になった。

ソノラ州知事を経験したオブレゴンは辣腕《らつわん》政治家らしく巧みにビージャと渡り合い、不測の事態は回避されたが、いっぽう、ビージャは彼の気性をそのまま露骨に表し、排他的なカランサ暫定大統領を許そうとしなかった。かくして、このころからビージャの立場は革命勢力陣営のなかで孤立していく。民主的な政治改革を望むカランサとオブレゴンの路線と、無政府主義的で農地改革をなによりも優先させる革命思想を抱くビージャやエミリアーノ・サパタの路線とは、もともと相容れないものだった。護憲派の基本理念は農業生産の近代化にあり、会議派のそれはエヒード（先住民の村落共同体）や一般農民の農地面積の拡大とその受益者数の創出にあった。

ビージャとサパタは、一方的にカランサとオブレゴンが革命政府の指導権を掌握していくことに不信感をつのらせた。第八章で述べたとおり、一九一四年の一〇月にビージャとサパタは、二人が主導権を握るアグアスカリエンテス会議を開催したので、このあと会議派と呼

ビージャがセラヤの戦いで外国人部隊を召集したときのパンフレット

ばれた。会議派の権力集団は、首都で護憲派から権力を奪還しようとする勢いに乗じ、グティエレス暫定大統領を擁立した。カランサはそれを知って護憲派政府を一時、メキシコ湾岸の町ベラクルスに移すほどだった。しかし会議派は、護憲派政府を反撃するほどの勢力を持っていたにもかかわらず、その後、ビージャとサパタは革命政府の樹立に協議を重ねることはなく、それぞれの陣営で改革運動を進めるだけであった。

ビージャは対カランサ共同戦線のエミリアーノ・サパタと同様、終局的に敵陣営からいつ、そして、どんな巧みな方法で、暗殺されるのかという不吉な予感を抱いていた。メキシコでは革命後も指導者間ではこのような対立構図が引き続いていた。ついに一九一五年、カランサ側についたオブレゴン将軍率いる護憲派の軍隊は、ビージャをグアナファト州の「セラヤの戦い」で破る。

カランサ政権がアメリカ合衆国とラテンアメリカ諸国から承認されると、そのあと憲法制定議会が一九一七年憲法を制定したことは、これまで説明してきたとおりである。

メキシコ革命第二期――カージェスの一〇年

サパタが暗殺された翌年、一九二〇年にオブレゴンは大統領に選出され、一九二三年には反オブレゴン勢力のパンチョ・ビージャもついに暗殺された。メキシコ革命「第二期」にあたる一九二〇年から四〇年までを振り返り世界の動向をみると、二九年に世界恐慌が始まりメキシコの経済も悪化した。三九年には第二次世界大戦が勃発する。その間、メキシコは農村社会から都市社会へ変わり、人口増加が顕著になってきた。

一九二四年から二八年までは「アグア・プリエタの乱」の参謀だったプルタルコ・エリアス・カージェス（一八七七―一九四五）が政権につく。そのあと一九二八年にオブレゴンが大統領に再選されたがその直後、オブレゴンにかつて弾圧された「クリステーロの乱」に加わっていた狂信的なカトリック信者の手にかかり大統領は暗殺された。このようにカランサ、ビージャ、オブレゴンと三人の要人が一九二八年までに相ついで暗殺されたので、革命精神を武力で推し進める勢力を調停する解決策として示されたのが国民革命党（PNR）の結成である。

そこで大統領の任期を満了していたカージェスは、その後も「マキシマート（絶対的権力者）」と呼ばれる陰の権力者に化し、カージェスによる暗黙の了承「デダソ」（dedazo スペイン語で肥大化した手の指をさし、権力者が意中の人を決定する指名権のこと）で信任を与えられた人物が、後継大統領候補になり、そして当選するしくみがはじまった。

まず、エミリオ・ポルテス＝ヒルが大統領（一九二八－三〇）となり、パスクアル・オルティス＝ルビオ（在任一九三〇－三二）、アベラルド・ロドリゲス（在任一九三二－三四）の短期任期の大統領が続いた。このようにカージェスが強い影響力を及ぼした時期は「カージェスの一〇年」と呼ばれた。

この権力者をついに国外追放して影響を断ち切ったのがメキシコ革命「第二期」を締めくくったラサロ・カルデナス大統領（在任一九三四－四〇）であろう。一九三八年にメキシコの石油資源を国有化し、一九四〇年にメキシコ石油公社を設立して、さまざまな穏健的社会主義政策を推し進めた大統領となった。

スペイン市民戦争の共和派の政治亡命者が、メキシコに受け入れはじめられたのもこの時期である。

制度的革命党（PRI）の誕生

メキシコで、平時の政権交代が行われるようになるには、ポルフィリオ・ディアス政権に似た秩序と、新たな民主主義体制の双方がつくり出される時期を待たなければならない。ホセ・バスコンセロスの言葉を借りて説明すれば、メキシコ革命のあと「集団的ポルフィリオ・ディアス体制」と名付けられる、社会の変革をめざすさまざまな勢力グループや圧力団体の要求を抱えこんだ、連合体のような制度的革命党（PRI）が一九四六年に誕生することになる。その過程はまず、一九二九年に国民革命党（PNR）が結成されたのが第一歩で、この政権党の総裁が大統領に選出されるしくみができあがった。国民革命党は、一九三八年にメキシコ革命党（PRM）に改組され、さらに、一九四六年に制度的革命党に再編されて、一党支配体制を繰り返しながら、結党以来七一年間、二〇〇〇年までメキシコ国内の権力闘争を制した。

革命五〇周年と経済外交の推進

社会主義的政策の推進

メキシコ革命は社会をさまざまに変革した。一九一七年憲法の発布は、メキシコ革命を象徴する改革精神の集大成と言えよう。革命後まもなく、一九一二年に労働者の権利を守る労働組合として、鉄道労働組合が中心となった「世界労働者の家」が結成され、メキシコ労働者地域連合（CROM）は一九一八年に結成、識字率向上と義務教育制度を確立するための公教育省は一九二一年に設置、一九二五年にはメキシコ中央銀行も創設されている。一九三六年には、ロンバルド・トレダーノが率いるメキシコ労働者総連合（CTM）が結成され、のちに、フィデル・ベラスケスが委員長になる頃には、制度的革命党（PRI）のなかで、労働者の権利を主張する圧力団体となっていった。一九四三年に社会保険庁（IMSS）が発足したことで、労働者と政府が社会保障費を折半して負担する画期的な組織ができた。一九二五年に設立されていた社会年金局も、一九五九年に国家公務員社会保険庁（ISSTE）に改組されて社会保険制度も充実した。外国資本に経営を依存していた鉄道網は一九三八年に国有化されている。農地改革も飛躍的に進んだ。

カルデナス政権になってから国内外の政策が、自由主義的な改革、さらに進んで社会主義的な改革に走りだすと、国論は二分した。社会主義的な国策に反旗をひるがえし、この傾向に危機感を感じた潮流、教会と保守派勢力はマヌエル・ゴメス＝モリンを担ぎ出し、彼の主導で一九三九年に国民行動党（PAN）という野党が結成された。二〇〇〇年に制度的革命党に代わる政権を握ることになるとは、このとき誰が予想できただろうか。

さらに、カルデナス大統領の任期が満了し、次期大統領候補が話題になる頃、保守派グループは義務教育課程が社会主義的教育に傾倒していると懸念し、カルデナスが指名した次期大統領候補アビラ・カマチョ将軍に対抗して、アルマサン将軍を推した。農地改革の成果になお不満を抱く者や、石油資源国有化のときに損害をうけた外国資本家の国内干渉などもこれに加わった。しかし、結果は与党候補が圧倒的に強く、カルデナスに推薦された後継者アビラ・カマチョが大統領（一九四〇－四六）に決まった。「デダソ」がメキシコ政界に定着していく。

一九二九年の世界恐慌のあと、一九三〇年頃から国内産業が活発化した。その背景に、従来から輸入品に依存してきた体制に代わって、自国で工業製品を生産する輸入代替工業化政策に移行したことがある。この時期の工業化は貿易収支の悪化に対する緊急措置として行われた。外国製品に輸入関税をかけ、自国産業製品に優遇措置をはかったのである。この政策はのちに破綻をきたすことになる。

第二次世界大戦

第二次世界大戦の戦時体制の影響で、アメリカ合衆国との関係は改善された。日本の真珠《しんじゅ》湾《わん》攻撃を機に、一九四一年にメキシコは中立国からアメリカ合衆国に協調して連合国側についた。一九四二年にメキシコの石油輸送船がドイツの潜水艦に撃沈されると、メキシコでも徴兵制がはじまった。また、カルデナス政権時に外国系、とくに米国系資本企業から原油の採掘権を剝奪し、石油精製設備を国有化した結果、両国は反目してきたが、この問題を改善するために合意し、米国からも譲歩があった。メキシコが返済すべき借款額の九〇パーセントを減免することに同意したのである。いっぽうでカルデナス政権が実施した社会主義的教育方針も是正されたことは、アメリカ合衆国にとって歓迎すべきことだった。当時、アメリカ合衆国は、近隣諸国が共産主義に傾くのを警戒する外交政策であったので、メキシコ政府の政策転換は評価されたのであろう。

一九四〇年に最後の軍人出身大統領となった、アビラ・カマチョ大統領が選出された頃、軍部は国政へ干渉する圧力団体としての影響力は失っていた。さらに、一九四六年にミゲル・アレマン大統領が選出されると、大統領は軍部を逆に掌握していった。はじめての文民大統領となったミゲル・アレマンは、メキシコの産業化をさらに推進させた。

一九四六年にも野党国民行動党（PAN）は再び対立候補としてエセキエル・パディージャを擁立したが、六年前のアビラ・カマチョの対立候補、アルマサンほどの支持も得られず、一九四六年に与党は、制度的革命党（PRI）に改組されて、政界でさらに大きな力を誇示するようになっていく。

中央政府と地方の関係について言えば、税法上で大きな権限の相違が生じた。一九四六年に水力電力省が設置されたので水源が国に一元的に管理され、水道料金が地方税から国税となった。一九四八年から付加価値税が導入されると、それも連邦政府の国庫に徴収された。それ以前からも一九二二年にガソリン税、二六年に鉱物資源への課税、三三年には電力料金などが国税となっていたので、歳入源の拡大は国庫を潤沢にさせ、国家の歳出を決定する大統領権限は三権のなかで最も強力なものとなった。州政府と地方自治体の財政は制限されはじめたが、例外的に地場産業で財政的に潤沢なベラクルス州、バハ・カリフォルニア州、ヌエボ・レオン州、ハリスコ州や首都に隣接しているメキシコ州は、連邦政府が諸税を国税として一元化して徴税する政策に執拗に抵抗したため、歴代大統領がこれらの州政府と税制対策を協議することはきわめて難題であったと言われている。

都市の空気

国が工業化されていくことは、都市へ人口が集中して、都市の機能を向上させる結果をもたらした。都市基盤整備は農村部の生活水準と比較して飛躍的に進展した。都市の発展の一例として、一九六五年にはメキシコシティとモンテレイ市、グアダラハラ市の三都市だけで、国内工業生産高の六九パーセントを占めるようになったことがあげられる。

これに対してメキシコの農村地帯、イダルゴ州、プエブラ州、ユカタン州は衰退していった。いっぽう、一九四〇年頃から農業生産を向上させる目的で農村地帯への政府援助金が急増したため、アメリカ合衆国と国境を接する北部乾燥地帯の灌漑設備は整備され、一九四九－五八年はこの地方は長期の旱魃にみまわれたにもかかわらず、生産高を維持し、革命五〇周年にあたる一九六〇年代は、食糧生産は自給自足体制を達成できる水準にいたった。綿花の収穫高も伸ばした。

一九世紀に比べて二〇世紀のメキシコ人口は飛躍的な増加を示した。独立戦争開始時期からメキシコ革命が始まるまでの一〇〇年間に人口は二倍にならなかった程度の増加だったが、一九三〇年代になると年一・七二パーセントの増加率を示し、六〇年代にはさらに年三・二八パーセントに達した。前者の増加率で推移していれば、人口は四〇年したら倍増しているはずであったし、後者の割合で増加していれば、わずか二二年間で人口は倍増する予測が成り立っていた。それが実際には一九七〇年に、一九三〇年代の人口に比べて三倍となる五〇〇〇万人に達した。増加した人口の多くが都市に流入した。

大きな都市には次のような構造変化が生じた。上水道設備が完備しはじめ、下水道設備の拡充もともない、とくに首都では、交通網として市内幹線道路「ミゲル・アレマン高速道路」や外環状線高速道路「ペリフェリコ」の完成、一九六八年のオリンピック開催にあわせた地下鉄路線網の完成など、都市としての機能が充実していった。集合住宅棟の建設も並行して進み、当時、メキシコシティの象徴的高層建築でランドマークとなった、地上四四階建て一八二メートルの「ラテンアメリカタワー」も一九五〇年に完成している。

　工業化の進展にともない、一九四〇年から七〇年にかけての国内生産高の伸び率は年率六パーセントを維持したため、「驚異の経済発展期」を築き、メキシコは農業生産国から工業産品生産国に脱皮した。さらに六〇年代にはメキシコは石油輸出国になっている。

　一九五九年の対外債務額はわずか六億四〇〇九万ドルであった。その後も一九五八年から七〇年まで内需に支えられ、財政投資も堅調で、インフレを抑制し安定した経済発展を維持した。労働者の賃金ペソ通貨は、実質的な購買力を保っていた。

　都市に流入した人々のなかには所得を増やし、中間層を形成する者がでてきた。これまでのメキシコの歴史のなかでは考えられない社会現象であった。アドルフォ・ルイス＝コルティネス大統領（在任一九五二―五八）の政権で、女性に国政参加を促す参政権が一九五三年に認められている。

　小学校義務教育課程の諸費用を国家が負担しはじめたことは、教育水準を飛躍的に高めていくことに貢献する。識字率も改善された。一九三〇年の非識字率六二パーセントから、一九六〇年には四五パーセントに下がり、二〇〇〇年には九・五パーセントになっている。

労働者の家庭から大学生を送り出すことも夢ではなくなった。一九三〇年の大学生数は全国で二万三〇〇〇人であったが、一九七〇年には三三万五〇〇〇人と四〇年間に約一五倍になった。メキシコ国立自治大学（UNAM）の広大な学園都市は一九五二年に完成したが、そのなかにある建物の四面がまるで巨大なカンバスのような大学図書館に描かれている壁画は、ファン・オゴルマンらの作品である。

一九五〇年代はじめ国内でテレビ受信機が普及しはじめたことで、大衆伝達メディアは驚異的に進歩する。人々はそれまでの単調な生活リズムに変化を与え、余暇の愉しみを提供するものを求めていた。大衆娯楽のメディアとして、テレビ受信機は、家庭に娯楽を提供し、メキシコ人の生活に潤いがでた。

国民の自動車保有台数は、一九三〇年の六万三〇〇〇台から、七〇年に一九倍の一二〇万台に増加している。パン・アメリカン・ハイウェイのアメリカ大陸を縦断する高速道路の整備も一九三六年から始まっていた。国内外へ通じる航空路線の拡張と整備は、人々の行動範囲を拡大した。一九五〇年にメキシコシティ国際空港が開港されたことはその一翼をになった。

また、メキシコ人の知的好奇心も刺激された。一九五〇年に詩人で小説家のオクタビオ・

パスは、メキシコとメキシコ人の独自性を深層分析した『孤独の迷宮』を出版し、一九五三年から五五年にかけて小説家フアン・ルルフォは、生と死とが混然と溶け合った神話的世界をまとめた短編集『燃える平原』と『ペドロ・パラモ』の二編を、一九五八年にカルロス・フエンテスは、メキシコシティのあらゆる階層の人物を登場させ、大都会の全体像を描き出そうとした『空気の澄んだ土地』を出版した。画家ルフィーノ・タマヨは壁画家として、さらに独自のメキシコ画風で世界的に認められる存在となった。メキシコ映画産業もさかんになり、インディオ・フェルナンデスや一九四七年にメキシコに来たスペイン人ルイス・ブニュエルの監督作品などが注目された。このようにして、メキシコ人は快適な生活風習をアメリカ合衆国とヨーロッパから取り入れた。

かくして近代化へ邁進するメキシコは、一九六八年に東京に次ぐ、ラテンアメリカではじめて開催したオリンピックを主催する国力を保持するようになり、さらに一九七〇年には、サッカー・ワールドカップも招致した。

ポピュリズム

メキシコ大統領としてはじめて日本を訪問したロペス・マテオスは、一九五八年に大統領に就任した。軍人でない文民大統領がアレマン大統領に次いで誕生したのである。

都市部の発展と人口増加の恩恵はメキシコ国民の一部の階層に及んだが、農村や大都市周辺地域から都市に流入した人のなかには、中間層に食い込めないで一定の単純労働者としての職種に甘んじる低所得者層の存在があった。一九五〇年から六三年の間の所得分布率をみると、国民のわずか一〇パーセントを占める上層階級が、所得の約半分を占める状況にいたった。一九世紀はじめ、アレクサンダー・フォン・フンボルトが、スペインから独立前のメキシコ、ヌエバ・エスパーニャ副王領を探索して、この地域の人々の極端に偏った富の分配と不平等社会を目撃した旅行記を思い出させる。

低所得者の存在は、現在でもラテンアメリカがかかえる大きな問題であるが、当時からも主に労働者階級と農民階層にみられた。この状況から脱皮するために政府はさまざまな施策を行ってきたが、不平分子が反政府アピールをして、現状打破の手段として実力行使に委ねることは避けられない事情であった。

たとえば、一九五一年にはコアウイラ州でアメリカ合衆国の資本で経営されていた鉱山American Smelting and Refining Companyのメキシコ人労働者が、労働条件と不当な低賃金に対して不満を爆発させ、数千人の労働者とその家族は、その州から首都までの一四〇〇キロメートルに及ぶ距離をハンガーストライキをしながら行進した。また、一九五八年に電信電話公社とメキシコ石油公社、義務教育課程の教員など公務員が、待遇改善を訴える実力行使を強行したときは、首謀者と同調者のなかから多数の逮捕者をだしている。さらに、一九五九年にも、鉄道労働組合が決起した労働争議の鎮圧に連邦政府の軍隊が出動したほどである。

いずれの背景にも、当時、アメリカ合衆国とソ連邦の「冷戦」が重なっていた。政府は、しばしば労働者の抗議運動を首謀した組合員を共産党員の嫌疑をかけて弾圧した。一九六二年には、全国の農民たちが実質所得の減少に不満をつのらせ、首都で政府に要求したさいのリーダー、ルベン・ハラミージョを、軍部がその家族とともに銃撃戦で殺戮した事件も起こっている。マスコミ、とくに出版とテレビ放送にも政府は干渉の手をゆるめなかった。

カリブ海地域のキューバでは、親米バチスタ政権がフィデル・カストロらにより打倒されたキューバ革命が一九五九年に起こった。カストロはマルクス・レーニン主義を唱え、そのイデオロギーは、メキシコをはじめラテンアメリカの社会で不当に扱われている階層の人々に、一様の親近感と、一つの問題解決の手段を提示したのかもしれない。

一九六二年から六四年にかけての、いわゆる「冷戦時代」は、多くのラテンアメリカの国はキューバと一定の距離を保ち、革命政府に同調することには慎重だった。しかしメキシコだけはアメリカ合衆国の外交方針を意に介せず、キューバに理解を示した自主外交路線を貫いたので、国際社会はその姿勢を高く評価した。

いっぽうで、アメリカ合衆国は米州機構（OAS）のなかで「進歩のための同盟」を提唱しながら、ラテンアメリカ諸国のかかえる国内問題に、従来の威圧的な内政干渉を控えて、社会的にも政治的にもラテンアメリカに歩み寄りを示す姿勢を忘れなかった。時期を同じくしてメキシコの国会では、それまで議席を独占してきた与党は、一九六三年に一定数の野党議員の議席を確保できるように国政選挙制度を見直している。

一九六四年から七〇年のメキシコの大統領は、グスタボ・ディアス＝オルダスである。労働者が立ちあがり、不平等と不公正な社会構造を是正しようとする労使の闘争は、一九六五年から再びメキシコ国内にくすぶっていた。

対立する勢力が衝突した象徴的な事件は、一九六八年一〇月二日、外務省のあるトラテロルコ地区の「三文化広場」周辺で生じ、悲惨な結果を招いた大学生と一部知識人が加わった「トラテロルコ事件」である。大挙して押し寄せ抗議するデモ隊を鎮圧するために軍隊の狙《そ》撃兵《げきへい》が出動したほどだ。政府は、国内治安維持を優先するあまり、いかなる反政府運動も強引な弾圧手段で鎮圧した。この事件では、十数人が死傷し数百人が刑務所に収監された。このとき、オクタビオ・パスは政府に抗議して駐インド大使の職を辞職したので、事件はさらに大きな反響を引き起こした。小説家ホセ・レブエルタスやエベルト・カスティージョらも逮捕されたので話題になった。「トラテロルコ事件」の模様は、エレナ・ポニアトウスカ著の『トラテロルコの夜』（北條ゆかり訳）にまとめられている。

そんな不穏な国内情勢下、同年一〇月一二日に、第一九回オリンピックがメキシコシティのアステカ競技場で開催された。この年は、パリでも学生運動が過熱し、翌年には日本でも東大の安田講堂攻防戦の模様が世界中に報道された。しかし、メキシコでは、政権が代わると、新政府はそれまでの政治犯に恩赦を与えて赦免している。

その後、七〇年代のラテンアメリカで、農民と労働者がかかえる問題解決の手段が模索された。チリでは一九七〇年にサルバドール・アジェンデが社会主義政権を樹立したし、「解放の神学」思想や、毛沢東《もうたくとう》思想もラテンアメリカに浸透した時期でもあった。

低迷する経済

ハイパーインフレーション

一九七〇年、前政権で治安維持にあたった内務長官のルイス・エチェベリーア＝アルバレスが、大統領（一九七〇－七六）になった。

メキシコの経済は、一九七三年頃からその繁栄期を過ぎていた。前述したメキシコの輸入

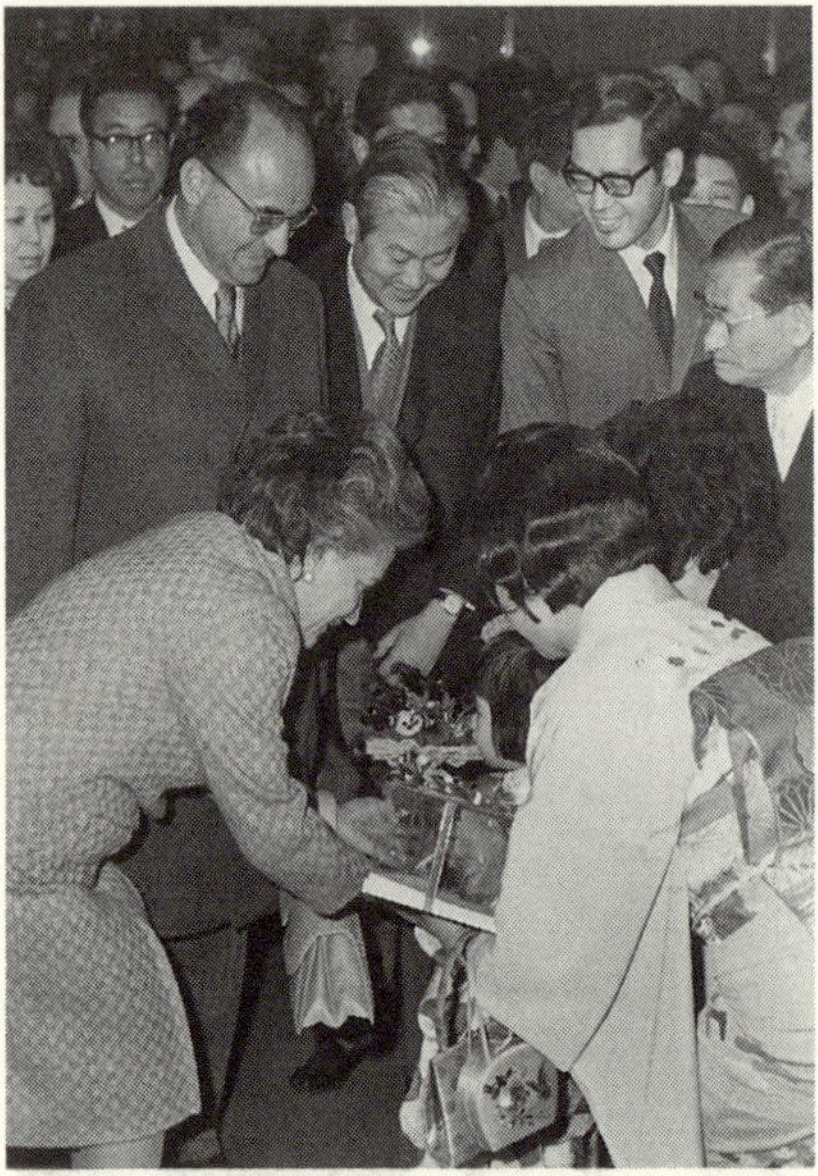

ルイス・エチェベリーア大統領夫妻（1972年３月11日、京都）

代替工業化政策は、国内製品の品質と価格が国際競争力を失ってしまったので破綻し、貿易収支は極端な入超となって、それを補塡するために政府は増税政策を選択した。外国から借款もはじめた。ルイス・エチェベリーア政権末期には、ついに国際通貨基金（ＩＭＦ）に金融支援を請うことになる。

一九七三年から国内でインフレーションにみまわれた。一九六〇年代のインフレーションは年率五パーセント以下であったが、一九七三年になると二〇パーセントに上昇し、ついに一九七六年に平価は切り下げられた。そのため、一九五四年から長期にわたって維持されてきたペソの対米貨（ドル）の為替レートは、一ドル＝一二・五ペソから二〇ペソに下落した。その後も断続的に平価切下げが続き、一九七六年には変動相場制に移行した。一九七六年八月時点の為替レートと、二〇〇〇年一一月時点のレートを比較すると、その下落率は七六〇倍となって一ドル＝九五〇〇ペソになる。実際にはこの「天文学的」なインフレーションに対して、政府は一九九三年の政令でデノミネーションを実施し、「メキシコ新ペソ」を導入したので、本来表示すべき貨幣価格の下三桁のゼロを除去した新ペソ貨幣が流通した。二〇〇七年の対米貨（ドル）変動為替相場は一ドル＝一一ペソを前後している。

つづいてロペス・ポルティージョが大統領（一九七六－八二）になるが、一九七八年に莫《ばく》大《だい》な埋蔵量が推定された石油鉱脈が発見された。そのためメキシコ経済は一時的に立ち直る。一九七六年の日産原油生産高九万四〇〇〇バーレルが、一九八二年に一挙に一五〇万バーレルと驚異的な生産高になったことからもこの油田の規模が推測できるだろう。原油埋蔵地帯は、ベラクルス州南部、タバスコ州とカンペチェ州に集中し、「マヤ原油」と呼ばれた。やや硫黄質の含有量が高いため石油製品への精製コストはかかると言われたが、原油輸出額は連邦政府の国庫歳入額の三分の一に匹敵するほどになった。

スペイン市民戦争が終わってからはフランコ政権と外交関係が断絶していたが、一九七七年に回復した。

石油危機

一九七三年に第一次石油危機が、一九七八年に第二次石油危機が勃発した。石油と石油産品の価格が上昇し、石油輸出国機構（OPEC）を通してアメリカ合衆国に輸出される原油一バーレル当たりの価格は一九七〇年代に三ドルであったのが、一九八一年に三五ドルに高騰した。膨大な石油代金はオイルマネーとなり、一度に、そして大量に世界金融市場に投資されたため、金融界は低金利の時代を招いた。石油輸出国のメキシコが石油代金を担保にして、外国から大型借款を取り入れたのもこの時期である。一九六六年に一九億ドルだった外国からの借款は、一九八二年に約三〇倍に当たる五九〇億ドルに達していた。しかし当時の政府の財政担当官僚はなお、一バーレル当たりの原油価格は高騰して、七〇ドルに及ぶことも視野に入れていたと言われている。

一九七四年設立の「国家人口審議会」（CONAPO）の調査によれば、一九七〇年の合計特殊出生率（一人の女性が一生の間に産む平均子供数）は三・六であったが、一九九〇年になると二・六に下がっていた。一九七〇年代後半からの生活費の高騰が、出生率の減少傾向につながったと考えられている。それでも二〇〇〇年に、一九三〇年代の人口に比べて五倍となる九七五〇万人に達した。平均寿命も三六歳から七五歳に延びていた。

一九七〇年代から見られた社会変化の現象として、国会の議席数獲得に関する改革があげられる。従来の各政党からの立候補者を定数だけ選出するとともに、一九七七年からは比例代表制も取り入れられた。そのため、政党への得票によって選出される国会議員も誕生したので、この年に共産党ははじめて議席を確保できた。国民行動党（PAN）も大きく議席を伸ばしたが、制度的革命党（PRI）の国会での勢力はその時点ではゆるぎはなかった。

デ・ラ・マドリ大統領夫妻（1986年12月２日、在日メキシコ大使館にて）

一九八二年から八八年のメキシコ大統領は、ミゲル・デ・ラ・マドリである。

メキシコでは一九八一年から八二年にかけて経済危機に直面した。一九八一年には原油価格は下落しはじめ、危機への対策が充分されないまま、ついに八二年八月には、返済時期が迫った借款の返済を一時停止する宣言「モラトリアム」を政府は行った。ペソの対米貨（ドル）為替レートは二六ペソからさらに七〇ペソに下落した。インフレーションはほぼ一〇〇パーセントになってしまった。公的・民間債務を合わせると約一〇〇〇億ドルに膨れ上がり、ブラジルとともに深刻な債務国となった。

金融機関は経営危機にみまわれ、同年九月一日に民間銀行は国有化されてしまう。このとき、国民はその政府の措置を評価するのではなく、政権に対する信頼を失ったので、企業と個人は自己資産を敏速に、かつ、大量に海外の金融機関に移し、莫大な資産流出が起きた。

政治改革の潮流

一九八六年にも選挙法が改正されて下院の定員を四〇〇名から五〇〇名に増員し、小選挙区制と比例代表制を導入した。

一九八七年にはインフレーションが一六〇パーセントになった。

一九八八年の大統領選挙では、ラサロ・カルデナス元大統領の息子でミチョアカン州知事を辞任したクアウテモック・カルデナスは、長年、制度的革命党（PRI）の政治家として将来を嘱望されていたが、制度的革命党の左派を取り込んで離党し、結党した国民民主戦線（FDN）から立候補した。国民行動党（PAN）からはマヌエル・クロウティエルが立候補し、さらに制度的革命党の大統領候補者で前政権の予算企画省長官カルロス・サリナス・デ・ゴルタ－リらが三《み》つ巴《どもえ》になって、選挙戦を戦った結果、選挙の投票用紙の開票集計システムに少なからず疑義を残しながらも、サリナスが選出された。サリナスはのちに「皇帝のような大統領」と呼ばれるようになる。翌年、一九八九年には民主革命党（ＰＲＤ）が結成されている。

一九八九年に「ベルリンの壁」が崩壊し、ソビエト連邦は解体した。一九七九年からイギリスはサッチャー政権になり、アメリカ合衆国は一九八〇年からレーガン政権が始まっていた。メキシコでも市場は自由経済主義になり、いわゆる「新自由経済主義」ネオリベラリスモが展開していった。政府は「小さい政府」作りに、政府管理下の銀行や電信電話公社、テレビ局などを民営化した。信条の自由が保障され、一九二九年から断絶していた教皇庁との外交関係が一九九二年に再開したのもこの政権の時期である。

一九九三年、メキシコはカナダとアメリカ合衆国との間で、北米自由貿易協定（ＮＡＦＴＡ）を締結し、翌年から発効した。メキシコは一九八六年から関税および貿易に関する一般協定（ＧＡＴＴ）にも加盟していたが、経済の回復には時間がかかっていた。マキラドーラ（外貨獲得と失業救済を目的としてアメリカ合衆国との国境地帯に設けた、関税免除輸出加工制度）もこの時期に開始している。

一九九四年は驚きの年であった。というのは、同年一月一日にメキシコ南東部のチアパス州で「サパティスタ民族解放戦線」（ＥＺＬＮ）武装グループが決起したからである。メキ

メキシコシティの中心部　憲法広場、大統領宮殿、大聖堂、遺跡発掘現場、ラテンアメリカタワーの眺望（写真提供・相原修）

シコの近代化政策が進行するなか、長期間、常に忘却されていたマージナル集団の厚生政策と教育機会均等などの先住民の要求を無視してきた政府の無策に抗議したもので、副司令官マルコスの指揮する過激派武装ゲリラ組織が決起した。「解放の神学」を唱えるグループも加勢していたと言われている。栄光のうちに終わろうとしていたサリナス政権には大きな政治的打撃になったことはまちがいない。

また、サリナス政権の末期になり、次期大統領候補が話題になると、同年三月に制度的革命党（ＰＲＩ）からの次期大統領候補であったルイス・ドナルド・コロシオがアメリカ合衆国と国境を接するソノラ州ティファナ市で遊説中、至近距離から銃撃されて暗殺された。急遽《きゆうきよ》、候補者となったのが、前政権で公教育省長官のエルネスト・セディージョで、国民行動党（ＰＡＮ）のフェルナンデス＝セバージョ、民主革命党（ＰＲＤ）から立候補したクアウテモック・カルデナスらとはじめての大統領候補者によるテレビ討論会もした結果、辛うじて過半数の得票を獲得して、一九九四年七月に新大統領に選出された。彼は制度的革命党出身の最後の大統領となった。同年九月には、制度的革命党の幹事長だったホセ・フランシスコ・ルイス＝マシエも政争から首都の路上で暗殺され、メキシコの政界に暗雲が垂れこめた。

同じ一九九四年一二月にはペソの価値が半分になる平価の切り下げが断行され、メキシコ国民は一九二九年の世界恐慌以来、最悪の経済状態に耐えなければならなかった。国内の経済状態を反映してか、海外へのメキシコ人の移民は増大を続け、一九九七年時点でアメリカ合衆国への移民は約九〇〇万人と推定されていた。

メキシコ市長クアウテモック・カルデナス（右。著者訪問時に撮影。1998年11月、メキシコシティ）

政権の交代

この頃、すなわち、一九九六年に連邦選挙管理委員会（ＩＦＥ）が創設されている。一九四六年以来初の画期的なことで、はじめて政府が投票用紙の開票などに干渉しないようになった。国際選挙監視委員会も組織された。この結果、国政選挙と地方選挙で、野党候補の善戦が際立ちはじめた。特筆すべきことは、一九八八年の大統領選で不正な開票結果で敗北を喫し、九四年の大統領選でも敗れたクアウテモック・カルデナスが、民主革命党（PRD）から出馬して首都メキシコシティの首長選挙に一九九七年に当選したことである。同じ年に国会の下院議席ははじめて野党が与党議席を上回り、メキシコの政治改革は完全に流れが変わった。

二〇〇〇年七月二日、国民行動党（PAN）の大統領候補者、前グアナファト州知事ビセンテ・フォックスは、メキシコシティ市長を歴任した民主革命党（PRD）から出馬したクアウテモック・カルデナスと、制度的革命党（PRI）の大統領候補者元シナロア州知事フランシスコ・ラバスティダ候補を破って当選し、七一年ぶりに制度的革命党以外の大統領が誕生した。

あとがき

メキシコは私たちが親近感を抱いている国の一つだ。スポーツや音楽を通して、また、テキーラの味やスペイン語の響きによって、メキシコはよく知られている。最近では、文学や絵画、建築、さらに日本との経済面の結びつきも注目されている。反面、この国の総括的なイメージをつかもうと試みると、たちまち入手する情報の選択にとまどってしまう。知らないことは偏見を招くと言われるが、それにしても、メキシコは私たちに素顔はなかなか見せない。

東京オリンピックが開催された翌年一九六五年にメキシコをはじめて訪れた、と「まえがき」で書いた。その年、メキシコへ旅する前にスペインを訪ねたが、そのことは有意義だった。なぜなら、この国はかつてスペイン語圏ラテンアメリカ諸国の旧宗主国であり、キリスト教文化とイスラム教文化の織りなす重厚感があふれ、ポルトガルとともに「大航海時代」の覇者を競った国として、大西洋のかなたの「新大陸」、現在のラテンアメリカを長い間、植民地として統治していたからだ。

数年後、ふたたびスペインとメキシコに滞在する機会があった。一九六七年から七〇年はスペインに、七三年から七六年はメキシコだった。このとき、それまでに抱いていた両国についての疑問をさらに考え続けることができた。スペインで絶対君主制から立憲君主制へ移行する時期の一九世紀史に興味をひかれたのは、この国の既存の権力がくずれ新しい秩序が生まれた節目であったからと思う。一度帰国して出直したメキシコでは、ラテンアメリカがスペインの植民地から独立国家に生まれ変わる過渡期の一九世紀史に関心を寄せた。

本書をまとめてみたいと思った背景に、エンリケ・クラウセ著『メキシコの百年　一八一〇―一九一〇　権力者の列伝』（現代企画室、二〇〇四年、拙訳）との出会いがあった。まず著作を読んで、のちに著者にメキシコで会った。一九九八年に亡くなったオクタビオ・パスと長年、文芸活動をしてきたクラウセ氏は、パスをよく知る人物である。著者は前掲書のなかで、パスの語る「仮面をかぶった国」の仮面を一つひとつはがしている。メキシコはこんな国だ、メキシコ人はこんな人たちだと説いている。

メキシコの歴史は先住民が築いた文明のうえに、押し重ねられるようにイベリア半島から「旧世界」の遺産を受け継ぎ、さらにヨーロッパ近代史の動向に翻弄《ほんろう》され、のちにアメリカ合衆国の影響を強く受けている。

本書では、この国の歴史変遷をどのように問い直せるか、そんな疑問を持ちながら執筆した。メキシコの多面性を描き出すことができていればと思う。

参考文献の記載にあたってはメキシコ関係の研究書を網羅することは避けて、本書を執筆する上で必要と思われたものに限っている。なお、本文中にクラウセ氏の前掲書から訳文引用をさせていただいたことをお断りしておきたい。

本書は増田義郎東京大学名誉教授のご勧奨がなければ執筆にいたらなかったと思う。同僚の京都外国語大学大井邦明教授からは第一章について助言を受けた。完成原稿ができるまでの入力作業は、京都ラテンアメリカ研究所の畑恵美子さんが手伝ってくれたし、中央公論新社の酒井孝博氏には、脱稿にいたるまで細部にわたり助言と協力をしていただいた。このように多くの方々のお蔭で本書が上梓できたことを明記して、感謝の気持ちを伝えます。

二〇〇七年十二月

著　者

sistema político mexicano (1940-1996), Tusquets Editores México, 1997

Krauze, Enrique, translated by Hank Heifetz, *México: biography of power: a history of modern Mexico, 1810-1996*, New York, Harper Collins Publishers, 1997

Matesanz, José Antonio, *Las raíces del exilio, México ante la guerra civil española 1936-1939*, El Colegio de México, 2000

Historia general de México, versión 2000, El Colegio de México, Centro de Estudios Históricos, 2000

Nueva Historia mínima de México, El Colegio de México, Centro de Estudios Históricos, 2004

ベロ日本見聞記　1609年』（たばこと塩の博物館　1993年）
増田義郎『物語 ラテン・アメリカの歴史——未来の大陸』（中公新書　1998年）
フランソワ・ウェイミュレール（染田秀藤・篠原愛人訳）『メキシコ史』（文庫クセジュ　白水社　1999年）
エドムンド・オゴルマン（青木芳夫訳）『アメリカは発明された——イメージとしての1492年』（日本経済評論社　1999年）
青木康征『南米ポトシ銀山——スペイン帝国を支えた〝打出の小槌〟』（中公新書　2000年）
国本伊代『メキシコの歴史』（新評論　2002年）
大井邦明・大越翼「メソアメリカの新イメージを探る——メキシコ高原文化とマヤ文化」（『季刊文化遺産』15号 （財）島根県並河萬里写真財団　2003年）
小林致広「アステカの貢納台帳——経済基盤の視点から」（『季刊文化遺産』15号 （財）島根県並河萬里写真財団　2003年）
鈴木康久『メキシコ現代史』（明石書店　2003年）
山﨑眞次『メキシコ——民族の誇りと闘い』（新評論　2004年）
エンリケ・クラウセ（大垣貴志郎訳）『メキシコの百年　1810－1910——権力者の列伝』（現代企画室　2004年）
山本純一『メキシコから世界が見える』（集英社新書　2004年）
エレナ・ポニアトウスカ（北條ゆかり訳）『トラテロルコの夜——メキシコの1968年』（藤原書店　2005年）
オクタビオ・パス（林美智代訳）『ソル・フアナ＝イネス・デ・ラ・クルスの生涯——信仰の罠』（土曜美術社出版販売　2006年）

Krauze, Enrique, *Siglo de caudillos, biografía política de México*（*1810–1910*）, Tusquets Editores México, 1994
Krauze, Enrique, *Biografia del poder, caudillos de la revolución mexicana*（*1910–1940*）, Tusquets Editores México, 1997
Krauze, Enrique, *La presidencia imperial, ascenso y caída del*

参考文献

石田英一郎『マヤ文明——世界史に残る謎』(中公新書　1967年)
ルイス・ハンケ（佐々木昭夫訳）『アリストテレスとアメリカ・インディアン』(岩波新書　1974年)
J.H.エリオット（越智武臣・川北稔訳）『旧世界と新世界 1492－1650』(岩波書店　1975年)
鶴見俊輔『グアダルーペの聖母——メキシコ・ノート』(筑摩書房　1976年)
スタンレー・ロス（中川文雄・清水透訳）『メキシコ革命は死んだのか？』(新世界社　1977年)
メキシコ大学院大学編（村江四郎訳）『メキシコの歴史』(新潮社　1978年)
高山智博『アステカ文明の謎——いけにえの祭り』(講談社現代新書　1979年)
石原保徳『インディアスの発見——ラス・カサスを読む』(田畑書店　1980年)
チャールズ・ギブソン（染田秀藤訳）『イスパノアメリカ——植民地時代』(平凡社　1981年)
オクタビオ・パス（熊谷明子・高山智博訳）『孤独の迷宮——メキシコの文化と歴史』(法政大学出版局　1982年)
八杉佳穂『マヤ文字を解く』(中公新書　1982年)
フランシスコ・ディアス＝コバルビアス（大垣貴志郎・坂東省次訳）『ディアス・コバルビアス日本旅行記』(雄松堂出版 1983年)
マリアンヌ・マン＝ロ（染田秀藤訳）『イスパノアメリカの征服』(文庫クセジュ　白水社　1984年)
大井邦明『消された歴史を掘る——メキシコ古代史の再構成』(平凡社　1985年)
日墨協会交流史編集委員会編『日墨交流史』(PMC出版　1990年)
ロドリゴ・デ・ビベロ（大垣貴志郎監訳）『ロドリゴ・デ・ビ

【や　行】

【ら・わ　行】

【ま　行】

【な　行】

【た　行】

【さ　行】

【か　行】

事項索引

【や　行】

【ら　行】

【ま　行】

【た　行】

【な　行】

【は　行】

【さ　行】

人名索引

【あ　行】

【か　行】

大垣貴志郎（おおがき・きしろう）

1943年（昭和18年）大阪市生まれ．京都外国語大学外国語学部イスパニア語学科卒業．スペイン・ナバラ大学大学院哲文学部歴史学科博士課程修了（Ph.D.），エル・コレヒオ・デ・メヒコ（メキシコ大学院大学）歴史学研究科博士課程修了（Ph.D.）．京都外国語大学助教授を経て同大学教授，ラテンアメリカ研究所所長．メキシコ歴史学アカデミー客員，メキシコ自治工科大学客員教授，京都外国語大学名誉教授．専攻はラテンアメリカ史，メキシコ独立戦争史．

著書『異文化を知るこころ』（共著，世界思想社）
『ラテンアメリカの女性群像』（共著，行路社）

訳書『ロドリゴ・デ・ビベロ日本見聞記（1609年）』（監訳，たばこと塩の博物館）
『ディアス・コバルビアス日本旅行記（1874年）』（共訳，雄松堂書店）
『メキシコの百年　1810－1910　権力者の列伝』（エンリケ・クラウセ著，現代企画室）ほか

物語《ものがたり》 メキシコの歴史《れきし》
中公新書 *1935*

2008年2月25日初版
2023年10月20日3版

著　者　大垣貴志郎
発行者　安部順一

本文印刷　三晃印刷
カバー印刷　大熊整美堂
製　　本　小泉製本

発行所　中央公論新社
〒100-8152
東京都千代田区大手町1-7-1
電話　販売　03-5299-1730
　　　編集　03-5299-1830
URL https://www.chuko.co.jp/

Published by CHUOKORON-SHINSHA, INC.
Printed in Japan　ISBN978-4-12-101935-6　C1222

世界史

1045 物語 イタリアの歴史 藤沢道郎
1771 物語 イタリアの歴史 II 藤沢道郎
2595 ビザンツ帝国 中谷功治
2663 物語 イスタンブールの歴史 宮下 遼
2152 物語 近現代ギリシャの歴史 村田奈々子
2440 バルカン―「ヨーロッパの火薬庫」の歴史 M・マゾワー 井上廣美訳
1635 物語 スペインの歴史 岩根圀和
1750 物語 スペインの歴史 人物篇 岩根圀和
1564 物語 カタルーニャの歴史（増補版） 田澤 耕
2582 百年戦争 佐藤 猛
2658 物語 パリの歴史 福井憲彦
1963 物語 フランス革命 安達正勝
2286 マリー・アントワネット 安達正勝
2529 ナポレオン四代 野村啓介
2318 2319 物語 イギリスの歴史（上下） 君塚直隆

2696 物語 スコットランドの歴史 中村隆文
2167 イギリス帝国の歴史 秋田 茂
1916 ヴィクトリア女王 君塚直隆
1215 物語 アイルランドの歴史 波多野裕造
1420 物語 ドイツの歴史 阿部謹也
2766 オットー大帝―辺境の戦士から「神聖ローマ帝国」樹立者へ 三佐川亮宏
2304 ビスマルク 飯田洋介
2490 ヴィルヘルム2世 竹中 亨
2583 鉄道のドイツ史 鴋澤 歩
2546 物語 オーストリアの歴史 山之内克子
2434 物語 オランダの歴史 桜田美津夫
2279 物語 ベルギーの歴史 松尾秀哉
1838 物語 チェコの歴史 薩摩秀登
2445 物語 ポーランドの歴史 渡辺克義
1131 物語 北欧の歴史 武田龍夫
2456 物語 フィンランドの歴史 石野裕子
1758 物語 バルト三国の歴史 志摩園子

1655 物語 ウクライナの歴史 黒川祐次
1042 物語 アメリカの歴史 猿谷 要
2209 アメリカ黒人の歴史 上杉 忍
2623 古代マヤ文明 鈴木真太郎
1437 物語 ラテン・アメリカの歴史 増田義郎
1935 物語 メキシコの歴史 大垣貴志郎
2545 物語 ナイジェリアの歴史 島田周平
2741 物語 オーストラリアの歴史（新版） 竹田いさみ 永野隆行
1644 ハワイの歴史と文化 矢口祐人
2561 キリスト教と死 指 昭博
2442 海賊の世界史 桃井治郎
518 刑吏の社会史 阿部謹也